四代目市川左團次

――その軌跡

カバー写真
篠山紀信
『助六由縁江戸桜《すけろくゆかりのえどざくら》』髭《ひげ》の意休《いきゅう》（二〇一七年三月歌舞伎座）

四代目市川左團次

（いちかわ さだんじ）

歌舞伎俳優。本名、荒川欣也《あらかわきんや》。屋号は高島屋《たかしまや》。

昭和十五（一九四〇）年十一月十二日、東京生まれ。三代目市川左團次の長男。昭和二十二（一九四七）年五月東京劇場『菅原伝授手習鑑《すがわらでんじゅてならいかがみ》　寺子屋《てらこや》』の菅秀才《かんしゅうさい》で、五代目市川男寅《おとら》を名乗り初舞台を踏む。昭和三十七（一九六二）年二月歌舞伎座『鶴岡接木礎《つるがおかつぎきのいしずえ》曽我《そが》の石段《いしだん》』の八幡三郎《やわたのさぶろう》・幇間《ほうかん》、『出雲阿国《いずものおくに》』の毛利輝元《もうりてるもと》で五代目市川男女蔵《おめぞう》を襲名。昭和五十四（一九七九）年二月歌舞伎座『銘作左小刀《めいさくひだりこがたな》　京人形《きょうにんぎょう》』の左甚五郎《ひだりじんごろう》、『越後獅子《えちごじし》』の越後獅子、『毛抜《けぬき》』の粂寺弾正《くめでらだんじょう》で四代目市川左團次を襲名。また、日本舞踊萩井流宗家《はぎいりゅうそうけ》として萩井延應《えんおう》の名をもつ。

尾上菊五郎劇団の世話物はもちろん、時代物、新歌舞伎それぞれで唯一無二の演技を見せた。荒事《あらごと》から存在感のある敵役《かたきやく》、滋味《じみ》溢れる老《ふ》け役から愛嬌《あいきょう》のある女形《おんながた》など幅広い役柄で活躍。重厚感と色気、遊び心を持ち合わせた稀有《けう》な俳優、人物だった。

令和五（二〇二三）年四月十五日逝去、享年八十二。最後の舞台は令和五年一月国立劇場『遠山桜天保日記《とおやまざくらてんぽうにっき》』の羅漢尊者《らかんそんじゃ》。

平成二十三（二〇一一）年旭日双光章受章、平成二十八（二〇一六）年度日本芸術院賞など受賞多数。

目次

一、いい加減、人生録――7
前口上　9
歌舞伎へようこそ　11
「高島屋」の子　23
舞台に立つ　35
役者修業　55
四代目左團次　77
終わりに　99
二、在りし日を偲んで――105
とにかく真面目ないい男　尾上菊五郎　106
みんなから愛された、素敵な変人　片岡仁左衛門　111

三、父、祖父、そして師への追慕――117
親父さん、ありがとう　市川男女蔵　118
高島屋一門の長としての祖父　市川男寅　122
何事も自分次第　市川左升　124
懐の大きい、最高の師匠　市川蔦之助　127
最後の誕生日に撮った一枚の写真　市川左次郎　130
言葉少ない旦那の言葉　付人大崎貴子　132
四、左團次が語った役への思い　演劇評論家朝田富次――135
五、市川左團次　年譜――141
巻末　フォトギャラリー　楽屋風景『毛抜』粂寺弾正の拵え――

一、いい加減、人生録

前口上

この本は、私の自叙伝です。

ご興味をもってくださった方に、あらかじめお断りしておきたいことがあります。

重要なことですから、よく聞いてください。


面白くないですよ、私の話なんか。


だって、これまでの七十何年かの人生、あまり何も考えずに生きてきたんですから。

普段、考えることといったら、「パチンコやりたいなあ」「あの女の人、きれいだなあ」「そろそろステーキ食うかなあ」とか、そんなことばかりです。

たまたま歌舞伎役者の家に育ち、親の仕事を継ぎましたが、恵まれた境遇を生かそうともせず、「いい芝居をしたい」がための一途《いちず》な努力も足りませんでした。

いい加減な人間なんです。

それでも私のこれまでの歩みを知りたいという奇特な方がいらっしゃるのなら、どうぞご自由に、としか申し上げようがございません。

まさか縄で縛るわけにもいきませんし。

でも、私が最初に止めたことは、覚えておいてください。

後から「なんだ、このつまんない自伝は」なんて文句を言われても、お代はお返しできませんから。

歌舞伎へようこそ

まずは私が生きてきた歌舞伎の世界について、少しだけお話をさせていただきます。

最近は、歌舞伎にも若いお客様がたくさん見にこられて、たいへんありがたいことです。

私は歌舞伎役者を、かれこれ六十年以上やってきました。

かつては、「歌舞伎は、やっている芝居の内容は昔のままで、見にくる人も、お年寄りばかり。このままだと駄目になっちゃうぞ」と心配される方もいらっしゃいました。

ところが、このごろでは、海老蔵《えびぞう》さん（現市川團十郎白猿《だんじゅうろうはくえん》）や（尾上）菊之助《きくのすけ》さんのように、若い世代で、たいへん人気のある役者さんが出てこられた。その方々を目当てに、劇場まで足をお運びになる若いファンの方もずいぶんと増えました。

そうすると、私なんかにも、「歌舞伎の楽しみ方を教えてください」と、お尋ねになる方がいらっしゃる。

私の答えは決まっています。

「歌舞伎なんか退屈ですよ」

だって、そうですよ。

本気でそう申し上げているのに、なぜか、皆さんは私が冗談を言っていると誤解される。

「本当のところはどうなんですか？」

と、質問を重ねられるんです。

本当も嘘《うそ》もないのですが、仕方ないから、私も真面目な顔でもっともらしいことをお答えするようにしています。

劇場での臨場感

これは歌舞伎にかぎった話ではないかもしれませんが、これからご覧になろうという方は、手始めにご自分の好きな人、「私はこの人のファンだ」という役者を見つけられるのがいいんじゃないでしょうか。

いきなり誰かを好きになる、というのは難しいかもしれません。

けれども、我々の世界からも映画やテレビドラマなど、外に出て活躍されている人もいます。そこで素敵だなと思う役者さんがいたら、一歩進んで劇場まで足をお運びいただいて、芝居もご覧になってください。

すぐ目の前で生身の人間が演じてみせる芝居は、映画やテレビドラマとは違った迫力があります。息づかいや衣《きぬ》ずれの音も、聞こえます。

劇場でしか味わえない面白さに、もしかしたら気づかれるかもしれません。

全国に歌舞伎をかけている劇場は、いくつもありますが、やはり伝統的な芝居小屋の雰囲気を色濃く感じられるのは、東京の歌舞伎座でしょう。

歌舞伎の面白さの一つに、大道具大仕掛けがあります。

今どきの大きな劇場は、電気で色々な仕掛けを動かせるようになっていますが、歌舞伎座はそうではない。可能なかぎり、昔のままを残しています。

江戸時代は電気なんかありませんから、仕掛けもみんな人力で動かしていました。そのたいした機構じゃないところで、あっと言わせるようなケレンを見せるのが、歌舞伎の醍醐味《だいごみ》の一つです。

『東海道四谷怪談《とうかいどうよつやかいだん》』では、幽霊となったお岩が提灯《ちょうちん》から抜け出すように現れて、人を驚かせます。『四《し》の切《きり》』（『義経千本桜《よしつねせんぼんざくら》』）では、屋敷の前に階段があって、その階段がひっくり返った途端に、人がぱっと現れます。

江戸時代から、芝居をどう面白く見せようかと知恵を絞ってきた先人たちの工夫が、舞台の上にはいっぱいあるわけです。

演目は、大きくは江戸より昔の時代を舞台にしている「時代物」と、江戸時代の市井の人々の暮らしを描いた「世話物」に分かれます。

「時代物」には、「義太夫狂言《ぎだゆうきょうげん》」といって、もともと人形浄瑠璃《じょうるり》のために書かれた脚本を、人間が演じるようになったものがあります。そのへんの芝居は古いですから、なかにはちょっと難しく感じられる演目もあるかもしれません。

「世話物」は、私たちの感覚でいいますと、「現代劇」の世界です。セリフも今の言葉と同じようですし、落語から来た話もあります。

初めのうちは、演目の内容にも気をとめられて、ご自分に合うものを見つけられるのも、いいかもしれません。

舞台に見る伝統美

歌舞伎は、江戸時代や、それ以前の暮らしぶりを再現しているので、舞台を見ているだけでも、なかなか楽しいものです。

登場人物が着ているもの、食べているもの、家の中の様子、それらはみな昔から伝わっている伝統を踏襲《とうしゅう》しています。伝統を守るために、大道具、小道具、衣裳、かつらや髪を扱う床山《とこやま》、それぞれが手を抜かずに、凝った仕事をしています。

ですから、お侍さんはこういう屋敷に住んでいたんだな、とか、吉原の遊廓《ゆうかく》には提灯が並んで華やかだったのか、とか、奈良の吉野山はずっと以前から桜の名所だったのか、などと、ただご覧になっているだけでも、時代を超えた旅をしているような心地がされるのではないでしょうか。

舞台の書割《かきわり》も、狭い空間を大きな屋敷や、広い野山に見えるように、描き方を工夫しています。

着物の柄一つとっても、その時代、時代ごとの日本人の好みが反映されています。服飾関係の方が、芝居をご覧になられた後に、

「ああいう色使いがあるんですね」

と感心して帰っていかれることも少なくありません。

そういう意味では、ファッションの勉強をされている方や、仕事につかれている方にも、生か

していただける部分が多々あるんじゃないかと思います。

江戸時代は、身分によって髪型が違っていましたから、かつらも町人、武家、俠客《きょうかく》など、役柄によって違っているんです。

所作《しょさ》も、役どころによって変わってきます。よく言われるのは、煙管《きせる》の持ち方ですね。身分の低い駕籠《かご》かきなんかは、火皿に近いほうを持って吸います。手の中に吸い殻を落として、「さ、仕事にかかろうか」と気分を改める。弁天小僧《べんてんこぞう》は長い煙管の真ん中あたりを持ちますが、これは後でくるくると回してみせるためです。

武家が煙管を吸う時は、肘《ひじ》の使い方で、その人の境遇を演じ分けます。肘が上がっていると立派に見えますし、肘が下がっているとおちぶれた感じが出るんです。

見得は目で見せる

こうして少しずつお慣れになったら、歌舞伎独特の流儀や習慣も面白いと感じられるようになるでしょう。

歌舞伎独特の仕草で、よく知られているのは「見得《みえ》」です。

役者さんが、大事な場面で、首を振ったり、目玉を真ん中に寄せたりする仕草のことです。

これは映画やテレビドラマでいうと、登場人物のクローズアップにあたるものなんです。それを歌舞伎的に表現すると、見得という形になる。一人でお客さんの視線をいっぺんに集めるために、大きな演技をするのです。

見得を切る時に、一番重要とされているのが、目の使い方です。

もともと歌舞伎の世界では「目千両《めせんりょう》」といって、芝居のどの場面でも、目は大切だと言われてきました。大きな目がいいというわけではなく、目の使い方一つで、人物を演じ分けることができるからです。

見得の時の目の使い方は、一般に「目をむく」と言います。

上下のまぶたが見えないようにして、目玉だけが露出しているように見せるのです。これには、けっこう技術がいります。

若い頃には、「見得を切る前に、なるべく目を小さく見せておく」と教わりました。ここ一番という時に、目を大きくすると、より効果的になるからです。

具体的に申しますと、見得を切る時には、まずまぶたを細めます。次に、そのまぶたを少しずつ開きながら、上目使いに、自分のおでこを見るようにする。それから上のまぶたを大きく開き、視線は正面の遠くに合わせる。そして最後に首を振りながら、自分の目と目の間へと、その視線を寄せていくのです。

これをリズムよくやれば、見得を切った形になります。こまかいことをいえば、首は最初は大きくゆるやかに回し、二回目には小さく回転させるなど、コツのようなものはありますが、おおむねこうした動きをしています。

私はおかげさまで、目が大きいほうで、見得を切る時も、その大きさが役に立っているようです。

でも、一流の役者さんになると、生まれもった目の大きさはあまり関係ありませんね。目の使い方で、驚くほど目を大きく見せることができるからです。

芝居を生かす「かけ声」

さて歌舞伎を初めてご覧になった方が、「あ、これは独特なものだ」と感じられるのは、「かけ声」でしょう。

声をかけているのは、おもに「大向《おおむこ》う」と呼ばれる三階席に座っていらっしゃる常連のお客様です。もちろんどの席から声をおかけになってもかまいません。慣れていらっしゃる方々が、大向うに座ってらっしゃるのが、習慣になっているということです。

かけ声は、演じる側にとっても、とても大切です。

なぜかと申しますと、上手に声をかけていただくと、気持ちがよくなるばかりか、役者が息を吸う「間《ま》」ができるからです。

何回か芝居をご覧になると、決めどころのセリフとかけ声が、一つの流れをつくっている場面を、ご覧になると思います。

かけ声は、基本、その役者の屋号《やごう》でかけます。屋号というのは、江戸時代に名字の代わりに、役者の家を表すのに使われていた呼び名です。

私の家の場合、後で由来も述べますが、「高島屋《たかしまや》！」となります。團十郎さんなら「成田屋《なりたや》！」、菊五郎《きくごろう》さんなら「音羽屋《おとわや》！」ですね。

もちろん「左團次さ～ん！」と声をかけられても、間違いというわけじゃないんです。あんまり間が悪いのは、よろしくないですが、大向うの方々と一緒のタイミングで声をかけていただくのなら、かまいません。二代目左團次は、洋行体験があるからか「大統領！」と声がかかったといいます。

場合によっては、変わったかけ声になることもあります。

例えば、舞踊の『お祭《まつ》り』では「待ってました！」と声がかかります。長い間入院していて舞台に立てなかった役者が、久々に芝居に出る時などにもよくかかる演目です。

当代の仁左衛門《にざえもん》さん（十五代目片岡仁左衛門）が、まだ本名の孝夫《たかお》で舞台に立たれていた時にも、そういうことがありました。

孝夫さんが、すかさず「待っていたとは、ありがてえ」と受けて、復帰を心待ちにしていたお客様皆様が胸を熱くさせた。感動的な一幕になったことは言うまでもありません。

大御所がいい場面を演じる時などは、あちこちから声がかかって、セリフの始まりがうまく聞き取れない、なんてこともありますね。

たいへんな盛り上がりでありがたいことですが、お客様によっては、セリフに集中できないと思われる方もたまにはいらっしゃるでしょう。

芝居には、流れるように耳に心地よい名調子というものがあります。その名調子を楽しみにして、見に来てくださっている方もいます。

歌舞伎の熱心なファンは、きっと私よりも、きちんとセリフを覚えていらっしゃるんじゃないでしょうか。そういうお客様は、セリフの言い廻しをじっくりと堪能《たんのう》したいから、もしかしたら、セリフにかかるかけ声が、時に邪魔に感じられることもあるかもしれません。

短く、テンポよく、景気よくいけばよろしいのではないでしょうか。

守り伝える「芝居の型」

歌舞伎の世界では、代々守り伝える芝居の型があります。

團十郎さんの成田屋、菊五郎さんの音羽屋、吉右衛門《きちえもん》さんの播磨屋《はりまや》、それぞれの家で守り伝えられてきた、演じ方やセリフ廻しがあります。

昔の歌舞伎好きの方は、そのような型や演じ方の違いも味わっていたようです。

例えば『勧進帳《かんじんちょう》』にしましても、「今度の弁慶はだれだね？　團十郎か」「富樫《とがし》は？　あの役者なら、面白そうだ」と、演じる役者の違いを楽しんでご覧になっていたようです。

今の歌舞伎ファンの方にも、そうやって役者による型や演出の違いに注目されている方も、いらっしゃるでしょう。

ただ、いつ頃からでしょうか、世の中が忙《せわ》しくなってくると、『勧進帳』が、一月、三月、六月と、役者を替えながら演じられる時などに、「また『勧進帳』？　こないだ見たばかりだよ」というご意見もしばしば聞かれるようになりました。

投書が来ることもあったんですよ。

「最近の歌舞伎座は人気の同じ演目ばかりやっているのが気になります。私は、もっと新しいお芝居も見たいんです」と、お叱《しか》りというほどでもないですが、もっとたくさんの演目を見たいというご注文でした。

歌舞伎を見始めて、ちょうど面白くなりかけた時に、こうした感想をもたれる方もいらっしゃるようですね。

お客様のご要望にお応えして、長く途絶えていた演目を復活させたり、新作を発表したりと役者も色々な努力をして、歌舞伎の世界も演目の種類は増やすようにしております。

それでも同じ芝居でも、演じる人によっての違いを楽しむということが歌舞伎の面白みでもあります。

＊

なんてことをつらつらと申し上げてきましたが、一つだけはっきりしておきたいことがございます。

歌舞伎は勉強ではありません。

ですから、好きなようにご覧になって、好きなようにお楽しみになられるのが一番なんです。えらい先生が、よく「歌舞伎は総合芸術だ」なんておっしゃいます。芝居の筋、役者の演技や踊り、三味線《しゃみせん》や鼓《つづみ》などの鳴り物、それに大道具、小道具、衣裳、かつらや髪型、すべてが揃ってひとつの世界をつくりあげるものです。

皆様には「芝居の勉強だ」なんて難しく考えずに、自由に楽しんでいただければ、それに勝る喜びはありません。

「高島屋」の子

では、これから少しずつ、私自身の話をしてまいりましょう。

今の私をご覧になっていただければ、ご想像がつかれるかと思いますが、小さい頃は色白で、それはそれは可愛《かわい》い子どもでした。

いや、本当です。

ただ、ちょっと病弱でした。たぶん一歳か二歳くらいの頃に、小児喘息《しょうにぜんそく》にかかって、ずいぶん苦しんだといいます。他人事《ひとごと》のように話していますが、本人は覚えてないんです。喘息の発作が始まると、眠れなくなって、体を起こしてもらって、ようやく息ができるほどでした。

家は東京の築地《つきじ》にありましたけれども、喘息を治すにはとにかく空気のきれいなところに行かなくちゃいけないっていうんで、親父の三代目左團次が湘南《しょうなん》の逗子《ずし》に別荘を買いました。

私が生まれた年は、昭和十五（一九四〇）年。翌年には太平洋戦争が始まります。そんな忙しい時代なのに、両親も心配が絶えなかったことでしょう。

いざ戦争が始まると、なにしろ逗子の隣には軍港の横須賀《よこすか》があるでしょう。今度は逗子のあたりも攻撃されるかもしれないと思って、せっかく買った別荘を売ったんです。

そして私は、おふくろと上の姉と一緒に信州《しんしゅう》伊那《いな》地方の宮田《みやだ》という村に疎開しました。親父と下の姉は東京に残りました。その頃に信州で撮影した写真を見ますと、一緒に写っている子どもがいますから、どうやら友だちがいたみたいですね。でも、まだ小さかったので、疎開先の様子は、ちっとも覚えていません。

戦中・戦後とひもじい思いをした記憶はありません。周りの大人の方によくしてもらったのでしょう。小児喘息はいつしか治っていました。

結局、築地の家は空襲で焼けてしまったので、戦後は、吉祥寺《きちじょうじ》に移り住みました。

その頃からですかね、子どもの頃の記憶がうっすらと残っているのは。

「高島屋」物語

話の順番があべこべになりましたが、私が継いでおります、市川左團次という名跡《みょうせき》について、お話ししておきます。

歌舞伎役者は、ご存じのとおり、代々同じ名前を引き継ぎます。この由緒のある名前を「名跡」といいます。市川團十郎さん、尾上菊五郎さん、松本幸四郎《こうしろう》さん、それぞれ江戸時代からずっと受け継がれてきた大名跡です。

市川左團次という名前は、江戸時代にも名乗った役者がいたそうですが、名跡として確立したのは、幕末に初代の左團次が現れてからでした。

この方は、天保十三（一八四二）年に大坂に生まれました。そのお父さんは、四代目市川小團《こだん》次《じ》についていた床山さん、つまり結髪を生業にする人でした。

初代は子どもの頃から芝居が好きで、舞台にも立っていたようです。次第に才能が認められ、容貌や恰幅もよろしかったことから、小團次の養子となり、本格的に役者の道を歩むことになりました。そして江戸時代も間もなく終わろうという、元治元（一八六四）年から、市川左團次を名乗ります。

役者の家には、名跡とともに代々伝わる「屋号」というものがあります。前の章でも触れましたが、あまり芝居をご覧にならない方でも、歌舞伎の上演中に客席から「なんとか屋！」と声がかかる場面を、テレビなどで見聞きしたことがございましょう。この「〇〇屋」というのが屋号です。江戸時代には、役者が堂々と名字を名乗るのは許されなかったので、代わりに屋号を使ったのが始まりだそうです。

市川左團次の屋号は「高島屋」です。なんだかデパートのようですが、あの高島屋さんとは関係がありません。初代の養父となった小團次さんが高島屋を屋号としていたので、それを引き継いだのです。もとは小團次さんの実家が、高島屋の名で、芝居を見に来たお客さんが煙草《たばこ》を吸う時に使う火縄を商っていたところから、つけられたと聞いています。

小團次さんが急逝されたため、初代左團次は、路頭に迷いかけた時期がありました。しかし、幕末から明治にかけて活躍した大劇作家の河竹黙阿弥《かわたけもくあみ》らの力添えによって、役者を続けることができました。黙阿弥さんは、初代左團次をたいそう気に入り、彼のために新たな脚本を書いたほどでした。

うちの家に残されている『丸橋忠弥《まるばしちゅうや》（慶安太平記《けいあんたいへいき》）』や血達磨物《ちだるま》の『月見曠名画一軸《つきみのはれめいがのいちじく》』といった脚本も、初代左團次のために書かれたものです。

やがて初代は、劇聖《げきせい》と呼ばれた九代目市川團十郎、名人と謳《うた》われた五代目尾上菊五郎とともに

「團菊左《だんきくさ》」と並び称されるほどの、名役者となったのです。

初代が明治三十七（一九〇四）年に六十三歳で亡くなると、二年後に息子が名跡を継いで二代目となります。

二代目左團次は、たいへん革新的な人で、大成功の襲名披露を終えるとすぐにヨーロッパやアメリカへと渡り、演劇の勉強を積んでいます。帰国後はシェークスピア劇を上演し、作家の小山《おさ》内薫《ないかおる》さんと組んで、新劇の自由劇場などを創設しました。

歌舞伎にも熱心に取り組んでいます。「歌舞伎十八番」のなかでも長いこと上演されていなかった『毛抜《けぬき》』や『鳴神《なるかみ》』の復活公演を行っています。

さらに新作の上演にも意欲的でした。『半七捕物帳《はんしちとりものちょう》』の作者としても知られる岡本綺堂《おかもときどう》さんの『修善寺物語《しゅぜんじものがたり》』などの新しい戯曲を、「家の芸」としてまとめ、「杏花戯曲十種《きょうかぎきょくじっしゅ》」と名づけました。杏花は、二代目の俳名です。十種としておりますが、現在は八種になっております。

昭和十五（一九四〇）年に二代目が亡くなった時は、世界各国の大使から花輪が届いたといいます。シェークスピア劇を演じる役者ですから、国際派だったんですね。

二代目は次のような言葉を残しました。

「今できないことは、十年たってもできまい。思いついたことはすぐやろうじゃないか」

新しいことに挑み続けた二代目らしい考えだと思います。最近ではビジネスの現場で役に立つ名言として、書物などに引用されているようです。

時おり、私の発言だと間違われることもありまして、なんとも面映《おもはゆ》い思いをいたします。私は、そんな立派なことを言う人間ではありませんから。しかも今の私の年齢ですと「今できることが十年たってもできるとは限らない」のほうが現実味を帯びてきました。やはり思いついたことは、すぐやらなければなりませんね。

その二代目には実子がなかった。けれども未亡人がどうしても左團次という名前を残したいと願い、ぐるっと若い役者を見渡したなかから、当時、市川男女蔵《おめぞう》を名乗っていた、うちの親父を選びます。

親父は、それまでの左團次と違って、体つきも華奢《きゃしゃ》で「つっころばし」と呼ばれる白塗りの二枚目と女形《おんながた》が専門です。だから、初めは「お引き受けできません」と断ったのですが、どうしてもと頼まれ、「では、一代限り」ということで、三代目左團次を襲名したわけです。

ちなみに私が左團次になる前に、市川男女蔵を名乗っていたのは、親父の例にならったものです。男女蔵は左團次とは違う系統の名前で、屋号は「滝野屋《たきのや》」。男女蔵から左團次になる時は、名跡だけでなく、屋号も変わるんです。

三代目となった親父もなかなかハイカラな人間で、ゴルフをまだ人があまりやらない頃からやってました。野球や水泳もよくやっておりました。

生まれは祇園

親父は結婚して子どもができましたが、歌舞伎役者として育てられる男の子には恵まれませんでした。昭和元（一九二六）年に長女、昭和二年に次女と、女の子が二人続きました。跡を継ぐ男子がいないと役者としての自分の家が絶えてしまうことになります。

十年以上の苦悩の末に、男の子が生まれた家から、養子をもらうことにしたんです。そうです、私には歌舞伎のほうの父母とは別に、実の父母がいるんです。もう何十年も前に発表している話ですから、知っている方には、珍しくもなんともない話でしょうが、生い立ちを語るとなると外せませんから、お付き合いください。

私の実の母は、京都の祇園《ぎおん》で「小染《こそめ》」という名で、芸妓をしていました。十五歳で座敷に出ると、すぐにたいへんな人気になったようです。祇園で芸妓をしている頃の小染さんの写真が今も手元にあります。私が言うのもおかしいですが、たしかに細面《ほそおもて》の美人です。

芸妓となって一年ほどたつと、さっそく彼女を世話したいという人が現れました。その方は大阪に代々続いた両替商の家系で、証券会社を経営している、お金持ちでした。すでに結婚していらっしゃいましたが、別宅で小染さんの面倒を見ることにしたんです。

その方は、たまたま三代目左團次（当時はまだ四代目男女蔵）を贔屓《ひいき》にしていたんです。三代目に息子がいないのを知っていたから、「うちの別宅に男の子ができたら、養子にしてもいいよ」と話をもちかけたそうです。実際は、もう少し丁寧な言い方だったとは思いますけど、ともあれ、そういう話になりました。

三代目がどうしても男の子を欲しかったのは間違いありません。二つ返事で、その話にのりました。

一人目の長男は、何かの理由で見送り、一年後に次男が生まれました。昭和十五年十一月十二日のことです。さっそく三代目が赤ん坊を見に行くと、なかなかの男前。面長で鼻筋が通っている、色白の男の子。今風に言えば、イケメンに育つの間違いなしというので、もらい受けることにしました。

これが私です。

生後二、三か月で、京都から東京へと連れていかれました。小染さん十八の時のことでございます。実の母が、その時、どんな気持ちだったかはわかりません。そういう形で養子になる子どもが少なくなかった時代ですから、旦那《だんな》、つまり私の実の父の話を素直に聞いたのではないでしょうか。

東京で、私は三代目の実子として役所に届けられました。

三代目の本名である荒川清を父にもつ、荒川欣也《きんや》の誕生です。

実の母をたずねて

私が、自分の出生の秘密を知ったのは、中学生になってからです。ちょっと時間は飛びますが、そのことをお話ししましょう。

ちょうど親父が京都の南座《みなみざ》に出ておりました関係で、私も高島屋の番頭さんと一緒に京都へ行ったんです。

番頭さんというのは、歌舞伎の世界では切符を扱う人のことです。ご贔屓のお客様と役者の間に立って、もろもろのことを取りもつので、高島屋のことをみんなわかっていらっしゃるんです。

ある夜、番頭さんは私を祇園のスナックに連れていきました。店に入ると、顔のすうっとした、美しい女性がママをされていました。

「ああ、きれいな人だなあ」

と、私は思ったものです。

スナックでどんなふうに過ごしたかは覚えておりません。

しばらくして宿へと帰ることになり、その道すがら、番頭さんが、そっと私に教えてくれました。

「あの方が、実のお母さんなんですよ」

ああ、そうなんだ……と、なんだか少しうれしいような気持ちもいたしました。

おそらく親父が、そろそろ本当のことを言ってもいいんじゃないかと判断して、番頭さんに言い含めたのでしょう。

それまでに親子の仲を疑ったことは一度もありませんよ。「俺は、ひょっとしたら親父の実の子ではないんじゃなかろうか」なんて予感があったことなど一度もありません。

もしも頭の回転の速い方なら、それ以前から何とはなしに気づいたりしたのかもしれません。本当のことを聞かされた後に、ショックを受けて悩むこともあるかもしれません。だけど、私はあまりものごとを真剣に考え込まないたちなので、事実をありのままに受け止めるだけでした。不思議とあまり驚きもしませんでした。

その晩は番頭さんに詳しく話を聞くこともなく、宿に戻りました。

私が三代目左團次の養子になったいきさつなどを事こまかに知り、さらには京都の兄弟と親しく付き合うようになったのは、ずっと後になってからです。

吉祥寺のわんぱく小僧

話を戻しましょう。

吉祥寺の家は、井《い》の頭恩賜《かしらおんし》公園に近い、とても環境のいいところでした。借りた家がちょっと変わったところでして、平山博物館という私設博物館の一角だったのです。表側が洋館の博物館施設で、その裏に日本家屋のお宅がありました。その裏側の家を、知り合いのつてで、しばらく使わせてもらっていました。

なんの博物館かは私は知りませんでしたが、聞くところによると、平山さんという方は、昆虫の博士として、たいへん有名だったそうですね。漫画家の手塚治虫《てづかおさむ》さんが、この博士に憧《あこが》れて、少年時代に博物館を訪ねたことがあると聞きました。

今は博物館の建物は壊されて、井の頭地区公会堂に変わっています。厳密にいえば住所は三鷹《みたか》市になるようです。

私は、有名な博士がいらっしゃるなんてことはとんと知らず、博物館へ足を踏み入れたこともありません。だけど家の周りに広がる自然は堪能しました。吉祥寺は、その頃はあまり家が建っていませんでしたから、公園の中だけでなく、学校の周りもほとんど畑や林だったんです。

戦後すぐのことで、遊び道具はたくさんはなかったけれど、遊びには困りませんでした。木登りをしたり、栗《くり》拾いをしたり、井の頭公園の池や近くを流れる川で、泥んこになりながらザリガニを捕まえたり、いくらでも夢中になれることがありましたね。

おなかがすけば、周りの畑から、トマトやキュウリを少々失敬してつまみ食いさせていただきました。

「この野菜泥棒め」と怒る方もいらっしゃるかもしれませんが、わりと暢気《のんき》な時代でした。畑をやってらっしゃる方も、必死に農業をやっているふうでもなく、土地を余らせているのももったいないから野菜を育てておられるようでした。ですから、少しくらい取っても叱《しか》られたりすることはありませんでした。

吉祥寺で通った小学校は、私立の明星学園《みょうじょうがくえん》です。自由教育を目指す学校として、戦後はたいへん有名になりましたが、私が通っていた頃はそんなに名が知られておらず、近隣の子どもが通う私立の学校でした。

一緒に遊んだ仲間は、だいたいがこの学校の同級生でした。

彼らとは今でもよく会います。

十何人か集まって、芝居を見にきてくれて、その後ご飯に行くんです。共学だったんで、女性もいますけど、もうみんな洟《はな》をたらしたり、おしっこをもらしたりしたのも、互いに知っている仲ですから、今さら気どったってしょうがない。のびのびと気楽に付き合えるから楽しいですよ。

どこの世界でも、こういう付き合いって大事なんじゃないでしょうか。どんなにえらい社長でも、先生でも、自分のことを遠慮せずにずけずけ言ってくれる昔からの友人は大切です。そういう方と過ごす時間は、いつの間にか童心にかえっているようですね。

舞台に立つ

歌舞伎役者の子どもですから、年がら年中遊んでばかりもいられません。

小学校に上がると同時に、役者に必要な素養を身につけるための、習い事が始まりました。といっても、私が小学生時代に習ったのは、踊りだけでした。後で三味線《しゃみせん》と鼓《つづみ》も習いましたけど、それは中学の終わり頃でしたね。

稽古《けいこ》はさぼりませんでしたよ。

真面目だったというわけじゃないんです。稽古場に行くと、同年代の子どもたちがいるじゃないですか。だから一緒に走り回って遊べるのが楽しくてしょうがなかったんですよ。

踊りの稽古がどんなだったなんて、覚えていませんね。

三味線は、大きくなってからなので、少しは稽古の様子を覚えていますが。

お師匠さんはたいへんにさばけた方でして、

「役者になるんだから、三味線はそんなに弾けなくてもいいだろ。調子さえ合わせられればいい。だから、もう来なくてもいいよ」

なんておっしゃる。

ところが私も暇を持て余しているものだから、呼ばれもしないのに通いました。どこかで好きだったんでしょうね。すると、お師匠さんも、だんだん厳しくなって叱るんですよ。

それでも私が平気で通うものですから、「あの子は怒っても怒っても来るねえ」と笑っていたそうです。

私は小さい頃から、叱られたり怒られたりするのは慣れていたんです。叱られても不貞腐《ふてくさ》れることもありませんでした。まだ子どもが大人に叱られるのは当然という世の中でしたからね。

初舞台の記憶

そして昭和二十二（一九四七）年五月に、初舞台を迎えます。小学校に上がったばかりでしたから、まだ六歳でした。

この日のことは、鮮明に覚えています。

戦争で中断していた歌舞伎が復活したばかりの年でした。

歌舞伎座は、戦災で焼けてしまっていたので、築地《つきじ》にある東京劇場で開催されました。今はきれいに改築されて、松竹本社の高いビルが立っているところですね。

演目は、『菅原伝授手習鑑《すがわらでんじゅてならいかがみ》』より「寺子屋」です。私は、三代目左團次が子どもの時に最初に用いた名前を踏襲して、市川男寅《おとら》を名乗りました。

演じたのは菅秀才《かんしゅうさい》。菅原道真《すがわらみちざね》がモデルとなっている菅丞相《かんしょうじょう》という悲運の宰相《さいしょう》の息子です。若君である菅秀才は、京のはずれにある寺子屋に匿《かくま》われていましたが、命を狙われます。追っ手として現れたのが、敵方でありながら、実は菅丞相の味方につきたかったという松王丸《まつおうまる》という人物。彼は、自分の息子を身代わりにして、菅秀才の命を救うのです。

動きの基本は、芝居のことをよくご存じだった坂東八重之助《ばんどうやえのすけ》さんという方に教わりました。面倒見のいい方で、後進や子どもたちの指導をよくなさっていたんです。

その頃は役者に台本全部が渡されることはなく、「書抜《かきぬき》」といって、和紙にそれぞれのセリフだけを記したものが配られていました。子どもも受け取るのですが、八重之助さんが漢字の読み方も丁寧に教えてくれました。初舞台の役は、セリフが一つしかない役でしたけど。

松王丸を演じたのは、今の菊五郎さんのおじいさんにあたる、六代目尾上菊五郎さん。一時代を築いた今では伝説の名優です。

ところが、私は六代目の前でたいへんな失敗をしてしまいました。

幕切れに松王丸が後ろを向いて、菅秀才にお辞儀する場面があるんです。私は初舞台で芝居のことは知らないし、六代目がどれだけえらい人だかもわからないから、知らん顔して、あたりをきょろきょろ見ていたんですね。

一日目が終わって楽屋に挨拶《あいさつ》にうかがったら、

「坊や、俺がお辞儀をするから、こっちを見ておくれよ」

と言われました。

そこで次の日は、じっと六代目を見ていたんですけど、相手の動きにつられて、私もお辞儀をしてしまいました。それで今度は、

「坊やのほうがえらいんだから、お辞儀をしなくていいんだよ」

手に負えない子役

お客様に失礼ですけど、子どもの頃の私は、ただ舞台に出ているだけでしたね。

平成二十三（二〇一一）年に亡くなられた芝翫《しかん》のお兄さん（七代目中村芝翫）が、よくお母さん役をなさってくださったんですけど、「なにしろ手に負えない子役でしたよ」と後々ずいぶん言われたものです。

花道へ出ていく時に、客席に知っている顔を見かけると、手を振る。セリフを言えば、投げやりな調子になる。そんな子役だったようですからね。

衣裳やかつらをつけるのも好きじゃなかったですね。大人だってきつい思いをするのに、子どもが我慢できるもんですか。

もっとも坂東玉三郎《たまさぶろう》さんは、子どもの頃からきれいな衣裳をつけるのを楽しみにされていたようですから、芝居がお好きな人は違うんでしょう。

それでも劇場に行くのは楽しかったですね。というのは本番で子役に泣かれたり、いやだと言われたら面倒だから、大人のほうが宝物のように大事に扱ってくれるんですよ。

そりゃ楽屋を走り回っていて、あんまりうるさければ、「うるさい！」と怒鳴られますし、稽古の時に笑っていたりすると、引っぱたかれることもあります。でも、初日が開いちゃえば、子役は大切にされます。

当時、今の菊五郎さんが、私より二つ下ですけど、もう舞台に出ていらして、よく遊びました。

中村錦之助《きんのすけ》（萬屋《よろずや》錦之介）さんもいらして、その弟の中村賀津雄《かつお》（現・嘉葎雄）さんが子役の親玉でしたね。

そのうち出番がなくても劇場まで出かけるようになりました。楽屋にはスピーカーがあって、舞台の様子を流しているから、セリフや三味線の音が聞くともなく、耳に入ってくる。そういう環境のなかで、大人の立廻りとかセリフ廻しを真似しながら自然と覚えていくんですね。

いや、私は真面目じゃなかったから、あんまりそういうことはしなかったけれど、他の子役さんはそうやって芝居を覚えていったんじゃないですかね。

神楽坂の少年

小学校五年生の頃、家が吉祥寺から神楽坂《かぐらざか》に引っ越しました。それにともない、学校も九段《くだん》にある暁星《ぎょうせい》学園に転校しました。その後、中学・高校と暁星に通います。

今はたいへんな進学校になっているようですが、私が通っていた頃は、それほどじゃなかったんじゃないですかね。

松緑《しょうろく》のおじさん（二代目尾上松緑）や、白鸚《はくおう》のおじさん（初代松本白鸚）など、歌舞伎の先輩方が昔からたくさん通っていらしたので、そのおかげで、役者をやっている子どもに理解がある学校だったんです。

「今日は出番がありますから」と言えば、早引けをさせてくれました。時には、出番がなくても、学校をサボる口実にさせてもらいましたが。私なんか、あまり勉強をしないほうじゃないですか。するど、こんなこと言う先生がいたんですよ。

「俺の授業が好きじゃなかったら、他の人の邪魔にならないように、しゃべってないで寝ててくれ。静かにしていれば、卒業できる点はあげるから」って。

ありがたく居眠りしておりました。

中学・高校時代の友だちは、今でも付き合いがあります。

小学校の同級生と同じで、やはり気兼ねない付き合いができるのがいいですね。

みんな忙しいのに、ゴルフに出かけたりするのを、私の都合に合わせてくれましてね。だから確実に私が休みの十二月三十一日は毎年ゴルフコンペが開催されます。いやぁ年末の慌ただしくて寒い時にありがたいことです。

普段集まる時も、友人たちは、六時や六時半には普通食事を始めていますよね。私は、芝居が遅い時は、そんな時間に合わせることはできないでしょう。すると、

「荒川は何時になってもいいからおいでよ」

と言ってくれるんです。こっちも、

「じゃあ、二次会から行くから、勝手にやってて」

と言いやすいわけですよ。

頭が悪かったのも素行が悪かったのも知っている仲ですから、本音の付き合いができるんです。

やはりかけがえのない友人たちです。

今、使っている楽屋暖簾《がくやのれん》もこの友人たちからのプレゼントです。

大人の遊びを覚える

家は、神楽坂を上りきる手前を左に入ったあたりにありました。

今はもうたいへんに様変わりしていますけど、子どもの頃は花柳界《かりゅうかい》がまだ盛んでしてね、路地を歩くと三味線の音が聞こえてくるんです。風情がありましたよ。

だからというわけじゃないですが、少しずつ大人の遊びを覚えました。

最初に覚えたのは、パチンコです。今でもパチンコは好きですから、もう六十年くらいやり続けています。

ただし、パチンコは神楽坂で始めたわけではありません。

歌舞伎座の楽屋口の近くに、小さなパチンコ屋さんがありましてね、出番がない時に、ふっと抜け出して入ったのが、始めたきっかけです。

最初は拾った玉とか、店員さんがくれた玉で遊んでいました。取り替えた景品は、子どもですから、キャラメルです。

それが中学に入って、地元の神楽坂でもパチンコをやるようになると、いつまでもキャラメルという雰囲気じゃなくなります。大人の真似をして、タバコと取り替えるようになりました。子どもなのに、よく交換してくれたもんですけど、親の代わりに景品を交換しに来たと思われたのかもしれません。あの頃は、小さい子どもが親の使いで、タバコを買いに行っても、とがめられる時代じゃありませんでしたから。

タバコに替えると、ついつい吸ってしまうのが人情というもの。最初は、ゲホゲホと咳《せ》き込んでいたのが、いつの間にか、味を覚えていました。

その後だいぶたって、二十代の頃に、なんとなくタバコをやめてみようかな、と思ったことがあります。

するとご飯がおいしくて、朝からハンバーグとピラフの組み合わせなんかを平気で食べてしまう。タバコをやめると、食欲が出るんですね。そしたらまあ、太ること、太ること。あっと言う間に体重が九十キロです。「こりゃ、いかん」と思って、数か月くらいして、また吸い始めました。

左團次流コロッケ料理

生意気な話ばかりしていますが、子どもの頃は、コロッケが大好きで、よくおやつ代わりに食べていました。

その頃に覚えた、冷えたコロッケをおいしくいただくための、おすすめの食べ方があるんです。コロッケを手でバラバラにほぐして、バターで炒《いた》めて、それにソースをかけるんです。「ブルドック」の中濃ソースがいいですね。真っ黒でパリパリになりますけど、これがうまいなんてもんじゃない。ご飯を何杯でも食べられます。

たしか初めは家のお手伝いさんが、つくってくれたんだと思います。

今でもたまに朝ご飯に食べますね。ふみさんには、評判がよくないから、これをつくるのは、私の当番です。

料理番組でも披露させていただいたことがありますが、なかなかの反響でした。「これで料理と呼べるんですか」って。

もう一つ、自分でつくる料理が一品あります。コンビーフチャーハンです。こっちは大人になってから覚えたものですね。

作り方は簡単ですよ。フライパンにバターを引いて、タマネギを炒めてから、ご飯を入れる。そこにコンビーフをほぐしながら合わせるんです。一人前一缶の分量です。最後に塩こしょうで味を調えて出来上がりです。

食べる時に、味が足りないなと思ったら、ソースをかけます。

うすうす感づかれているかと思いますが、私は、子どもの頃から大のソース好きなんです。番頭さんが上野あたりのトンカツ屋さんに連れていってくれた時も、たくさんソースをかけましてね。

「坊っちゃん、坊っちゃん。トンカツがソースの上に浮いてますよ」

と注意されたほどです。

塩分のとりすぎはよくないと言われてますが、好きだから仕方ない。ソースを持ってきてと食卓でかみさんに頼むと、必ず顔をしかめられます。

役者になるおまじない

こんな勝手な子どもでしたが、親父に叱られた記憶はありません。

タバコを吸っているのがバレた時も、「外では吸うな」と注意された程度です。

そもそも子ども時代は、ほとんど家で親父と顔を合わせないんですよ。

親父は舞台を終えて、夜遅くに帰ってくるでしょ。その頃には、小学生の私はもう夜ご飯を食べ終えて寝ています。朝、出かける時は、親父もおふくろもまだ寝ていますから、姉たちと一緒に朝ご飯を食べて、お弁当をつめて、学校に出かけました。

歌舞伎は土日も休みませんから、親父の顔を一か月近く見ないこともありましたね。

おふくろは、おっとりとした人で、親父によく尽くしていました。私の世話は、もっぱら年が十五も離れた上の姉が見てくれました。生涯独身を貫いた、ちょっと風変わりな姉でしたが、今でも感謝しています。

親父は、芝居のことも他のおじさんにまかせて、ほとんど口出ししませんでしたが、ただ私の背がひょろひょろと高くなっていくのは、気になっていたようです。

これ以上、背が伸びないようにと、小学校高学年から中学校にかけては、茶の間の押し入れで寝かされてました。今だったら児童虐待なんておっしゃる方もいるかもしれませんが、これが狭くて心地いいので、私も率先して押し入れで寝てましたね。寝心地がよかったんですね。

親父は身長百六十センチ台で、二枚目と女形《おんながた》をやっていましたから、同じくらいの背になれば、親の芸を継げると思っていたのかもしれませんね。余計なことは言わない人でしたから、本当のところはわかりません。

役者になるためといえば、小学生の頃、一度、生のナメクジを飲まされたことがあります。

「ナメクジを飲むと声がよくなる」という言い伝えがあるらしく、親父がある朝、庭の葉っぱから捕ってきたばかりのナメクジを、丸飲みさせたんです。

私は生意気でしたが、親に反抗する子ではなかったので、言われるままに飲みました。味は覚えていませんし、感触も今となっては忘れてしまいました。

今考えるとゾッとしますが、おまじないみたいなものなんでしょうね。

お察しのとおり、効果がなかったことは私の声を聞けばおわかりになりますでしょ。

野球選手になる夢

歌舞伎の子役というのは、中学・高校くらいになると、どうしても中途半端な時期というのを迎えます。これは、どなたでもそうです。

背が伸びて、声変わりすると、子どもの役ができなくなる。といって、少年の役というのも、そうはないんですよ。主だったところでは、『仮名手本忠臣蔵《かなでほんちゅうしんぐら》』の大星力弥《おおぼしりきや》くらいじゃないでしょうか。

だからどうしても出番が少なくなります。私は中学の終わりくらいから、高校時代まで、舞台に出ない時期がありました。

だからというわけじゃないんですが、その頃、将来プロ野球の選手になろうかな、と考えたことがあります。

戦後すぐに育った子どもたちは、他に娯楽もないので、みんな野球が好きでした。私もご多分にもれず、神楽坂に引っ越した時分から、軟式のテニスボールを手に入れて、野球の真似事をするようになりました。

よくやったのは壁に向かってボールを投げて、一人でやる野球ごっこです。男の子なら、みんなやるんじゃないですかね。地面に線を引いて、ここからこっちはヒットとか決めましてね。ボールが跳ね返ったら、今度は守備をするという。

「ピッチャー荒川、投げました。川上、打ちました。しかしショートが捕って、アウト！」

なんて、自分で実況しながら遊び続けるんです。

私は左投げで、右打ちなんですよ。いわゆるサウスポーです。

すると野球では左投げの投手は重宝がられるので、体が大きくなったこともあり、暁星高校の野球部の先輩に「高校にあがったら、入部しないか」と誘われたんです。

なんだか、ぱっと将来が開けた気がしましてね、「よし、いっちょ野球の選手になってみるか」と有頂天になりました。

さっそく親父に相談しましたら、そりゃあ、慌てましたね。

せっかく跡取りにすべく大切に育てていた子どもが、野球の選手になりたいっていうんじゃ、今までの苦労が水の泡です。まだ芝居をやらせてないというのならまだしも、初舞台を踏ませて、あちこちに挨拶して回っているわけですから。

ただタバコの一件でもそうでしたが、面と向かって反対したり、叱ったりはしない人です。その時は、渋い顔をしているだけでした。

私にどう諦《あきら》めさせようかと考え、プロの野球選手に説得してもらうことにしました。

歌舞伎役者とプロ野球選手というのは、贔屓の方が紹介してくれたりして、意外に仲がいいんですよ。

親父も当時の巨人・水原茂《みずはらしげる》監督や、川上哲治《かわかみてつはる》選手と知り合いだったようですが、この時は六代目菊五郎さんと仲がよかった小西得郎《こにしとくろう》さんに相談しました。小西さんは、その頃はもう現役を引退されて、NHKの野球解説者として活躍されていました。ご年配の方なら「そりゃーもう、なんと申しましょうか」という名調子を、ご記憶されているんではないでしょうか。

事情を知った小西さんが、私のうちまで来て、

「君は、野球の選手になりたいんだって?」

と聞くんです。私が「はい!」と返事をしますと、

「おまえみたいな細っこい体の奴が、一年中、炎天下で野球ができるわけないだろ」

とにべもなく言われました。今となって思えば、変な話ですが、有名な解説者の言葉ですから、私は信じました。

それから親父が知っていた、東京・厚生年金病院（当時）の整形外科のお医者さんに体を診てもらったのですが、当然、こちらにも親父の手は回っているわけです。

「あなたの肩の筋肉は弱いからすぐに使いものにならなくなる。球を投げているうちに、どんどん伸びていく筋肉だ」

と言われました。そんな筋肉あるんでしょうか。あるわけないですよね。だけど、この時も医者の嘘《うそ》に気づかず、ただただガッカリしました。

それじゃ仕方ない、と野球選手になるのは諦めました。

今、こういう話をすると、時おり、敷かれている線路への反抗心が芽生えたのか、と思われる

人もいるようですが、そんな複雑なことは考えていませんでしたね。

私は単純な人間なので、その時は、ただ野球が好きなだけでした。だいたい、反抗期もなかったような子どもでしたから。

大人になってからも、草野球はずいぶんやりましたね。歌舞伎の役者同士が二チームに分かれて戦うだけでなく、日劇ダンシングチームや新国劇の方々とも試合をしました。

三十代になった頃ですかね、誘われて草野球をやったら、翌日足がひどい筋肉痛で、立ち上がるのもやっと、階段も満足に上がれない、ということになりました。それから野球はしなくなりました。

手加減して遊べばよかったんでしょうけど、やりだすとついつい一所懸命になる性分で、普段は使ってない筋肉を痛めてしまったんです。

高校球児だった兄弟

ずっと後の話になりますが、京都の実の母の息子、つまり私の兄弟にも、奇遇《きぐう》なことに野球好きがいるとわかりました。

母が産んだ子は、男ばかりの五人兄弟です。前にも話しましたとおり、私は二番目。四番目は早くに亡くなりました。

長兄は、芸事が好きな人でした。母方の親戚にお囃子《はやし》をやる方がいらして、そこで鼓を習って、お師匠さんになりました。もしかしたら、私よりも役者に向いていたかもしれません。京都で私の知り合いが映画の撮影をしていると、現場に来て、「出演させろ」って交渉したなんて話もありましたね。

一番下の弟はとても真面目な人で、公務員になりました。

私が一番ウマが合ったのが、すぐ下の弟です。二歳年下でした。彼がなんと、京都の野球の名門校、平安高校（現龍谷《りゅうこく》大学付属平安高校）の野球部で選手をしていたんです。プロのスカウトも見に来たといいますから、相当なもんでしょ。残念ながら、家がわからずにスカウトは帰った、なんて嘘のような話が残っていますが。

弟のことを詳しく知ったのは、二十代の終わりくらいです。

その頃から、私は京都の南座《みなみざ》や大阪の新歌舞伎座に出演する時は、実の母の家に泊まって、そこから通わせてもらうようになったからです。

母は商売に向かない性格だったらしく、祇園のスナックは閉めて、上賀茂《かみがも》のほうに引っ越していました。そこを関西滞在中の拠点に使わせてもらっていたんです。

とくに弟とは話が合いまして、よく遊びに出かけたものです。

二人で祇園に繰り出すと、なかなか帰ってこないものですから、母は陰で心配していたそうです。じかに注意をしたりはしませんが、親しい人には「いい加減にしないと」なんてこぼしていたらしいですね。

弟は客商売が上手で、スナックのマスターや、比叡山《ひえいざん》の麓《ふもと》で料理店の支配人なんかしてました。

そんな店の一つに入り浸っていたりもしました。男兄弟がいないと思って育った私を「アニキ、アニキ」と呼んでくれる弟の存在がうれしかったのでしょうね。

母は時おり、芝居を見に来ましたけど、特別に感想などを聞いたことがないです。昔の花柳界の人間ですから、余計なことはあまり口にしないんです。

「悪の巣」の仲間

そういうわけで高校時代は、野球をするでも、芝居に出るでもなく、ぶらぶらと遊んで過ごしていました。

その頃、後楽園《こうらくえん》にアイススケート場がありまして、「悪の巣」と呼ばれるほどに、不良が集まる場所でした。家からも近いので、私も、よく遊びに行ってました。

そういう所には、学校の友だちと出かけることは少なくて、ほとんどの場合が神楽坂に住んでいた地元の仲間と一緒です。

何をするというわけでもないんですが、町の人からは大不良と思われていましたね。女の子を引っ掛けるようなことはしません。ひたすら硬派でした。

たしかに少年院から出てきたようなのはいましたけど、そういう奴も別のグループとの喧嘩《けんか》になると、私をかばってくれました。役者になるのを知っているから、「おまえは怪我《けが》しちゃいけない体だから、どいてろ」って、喧嘩をさせてくれないんです。

その頃アルバイト・サロン、通称「アルサロ」という今のスナックとクラブを合わせたようなところがありまして、仲間と連れ立って、何度か行きました。神楽坂近辺ではなく、銀座の店でした。

お金はないから、親父の洋服を無断で質に入れてました。

おふくろは鷹揚《おうよう》な人間なので、普段から服のありかを忘れることがあったんです。だから、この時も親父に、

「あの服、どこ行ったかね？」

と聞かれると、のんびりと、

「さあ、どこでしたかねえ」

と答える始末。そこに付け入ったわけですが。

仕立てのいい服だったので、けっこう遊べるお金になりましたね。もちろん全部使ってしまうから、親父の服は質流れです。

あとは私の家でちょっと酒を飲んだくらいですかね。

高校に入ってしばらくした頃に、家が神楽坂から少し離れた牛込北町《うしごめきたまち》に移りまして、ようやく自分の部屋をもらえたんです。すぐに近所の悪友たちのたまり場になってました。

やはりこうやって一つひとつ思い出していくと、けっこうなワルでしたかね。

「おまえは、大人か？」

人の道を外れたことはやっていないつもりですが、一度だけしくじったことがあります。

仲間が町中で起こしたトラブルに巻き込まれて、警察につかまったのです。警察署まで連れていかれたのは、私を含めて四人でした。

一人ずつ取調室に連れていかれて、誰が何をやったか尋問されました。私は友だちのことをべらべらとしゃべるのはいやだったので、ずっと黙っていた。そのうちに「おまえが一番悪い」ということにされて、とうとう留置場に泊められました。最後は青いバスのような車に乗せられて、日比谷の東京地検まで連れていかれたんです。この時は恥ずかしかったですね。

そこで検察官から、もう一度尋問されました。大人だったら刑務所、子どもだったら少年院に送るとか、そういう見分けがあるんでしょう。

「おまえは、大人か？」

と聞かれたんです。ところが、私の耳には

「おまえは、男寅《おとら》か？」

と聞こえました。

いけねえ、こんなところにまで、おれの素性を知っている人がいるのか、と思って冷や汗をかきました。

歌舞伎の世界に入ったからには、いつ誰が見ているかわからないんだと、肝に銘じておかなければいけなかったんです。

結局、おふくろが地検まで来てくれて、私は釈放されました。その時も父は怒りませんでした。

「こんなことは自慢になることじゃないから、人様に得意になって話すんじゃないよ。外で話すのは、自分が一人前になってからにしなさい」

と釘をさしたくらいです。

学校のほうにも内密にしてくれたらしく、停学や退学の処分にはなりませんでした。

ただ事件があってしばらくして、学校でソフトボールをしていたら、神楽坂の仲間が運動場に入ってきたことがありました。アロハを着ていたり、髪をリーゼントにしていたり、サングラスをかけていたりで、誰が見ても不良の集団です。

なんで入ってきたのかはわかりませんが、別に私を訪ねてきたわけではなかったようです。

こっちはすぐに「あいつらだ」ってわかったから、グローブで顔を隠したんですが、すぐにばれました。

「あ、荒川だ」

「本当だ、荒川だ。おまえ何やってんだよ」

「俺だよ、俺」

って、口々に呼びかけられましてね。これにはまいりました。

学校の仲間たちを、ずいぶん心配させてしまったものです。

やがて高校を卒業する年になりました。みんなと混ざって早稲田大学を受験してみましたが、勉強をしてない私が受かるはずがない。

そこでどうしようかな、と、ふと我が身を振り返ると、親父が敷いてくれた線路がある。ほかになるものがないなら、この線路に乗っているほうが楽かなという感じで、自分の行く末を決めました。

決意というほどのものではないですね。ほかに道がなかったから、その道を歩き始めただけです。

役者修業

私が高校を卒業して、役者に専念した頃は、歌舞伎の世界は元祖「三之助《さんのすけ》」ブームに沸いていました。

六代目市川新之助《しんのすけ》さん（十二代目市川團十郎）、四代目尾上菊之助さん（現尾上菊五郎）、そして早くにお亡くなりになった初代尾上辰之助《たつのすけ》さん（三代目尾上松緑《しょうろく》）の三人です。

皆さん私より年下でしたが、名門の出ですし、真面目に芝居に取り組んでらっしゃったから、人気が出ないわけないです。のちにそれぞれの息子さんが、「平成の三之助」として話題を集めますが、元祖も、楽屋口にファンの人だかりがして、すごかったですよ。

三人とも、六代目の菊五郎さんとの縁が深いことも共通しています。

昭和二十四（一九四九）年に、その六代目が亡くなった後は、薫陶《くんとう》を受けた方々が、「菊五郎劇団」として結束しました。菊之助さんと辰之助さんは、劇団の期待の若手として活躍。新之助さんは、劇団に属していたわけではないですが、よく客演されてました。

私も、親父が菊五郎劇団におりましたから、ここの一員になりました。子どもの頃から一緒に舞台に上がった仲間が、人気を集めているのは、我がことのようにうれしかったのを覚えています。

こんなことを話すと、「ライバル意識はなかったのか？」と聞かれる方もいますが、それはありません。私はチャランポランな役者でしたから、彼らと自分を比べようなんて、身の程知らずなことは考えもしませんでした。

演ずることが「恥ずかしい」

当時は舞台に立つとなんともいえず「恥ずかしい」気持ちになったことを思い出します。二十一歳で、五代目市川男女蔵を襲名して、大人の役者の仲間入りだけはしたのですが、体はまだできていません。背は高くて、ほかの先輩方より首一つくらい大きいんです。けれども、柔道やレスリングをしていたわけではないから、骨格なんか華奢《きゃしゃ》なわけですよ。どうしたって、マッチ棒が突っ立っているみたいになる。そんなことが「恥ずかしさ」の始まりですかね。舞台に立っても、なんとも身の置き場がない感じになるんです。

とりわけ「恥ずかしいな」という思いをしたのが、初めて『仮名手本忠臣蔵《かなでほんちゅうしんぐら》』の五段目で、斧《おの》定九郎《さだくろう》をやらせていただいた時です。渋谷の東横《とうよこ》デパート（東急百貨店東横店、現在は閉店）にあった東横ホールでの公演でした。

ご存じの方も多いと思いますが、斧定九郎は、お軽勘平《かるかんぺい》の二人と敵対している役どころです。忠臣蔵の登場人物のなかでも人気のある二人を敵に回すのですから、ある意味、たいへん目立つ役でもあるのです。お軽の父親・与市兵衛《よいちべえ》を殺し、与市兵衛がお軽を祇園に売った手付金の五十両を奪うのですが、結局はイノシシに間違えられて、勘平に鉄砲で撃たれます。

これを演じるのが、とてつもなく恥ずかしかった。なぜならほとんどが暗闇のなかで演じられる場面だからです。セリフもひと言しか言わず、ただ「俺の演技を見ろ」という一人芝居が続きます。

黒い着流しに二本差しという姿。ぬっと手だけを出して与市兵衛の財布を奪うと、そのまま殺してしまい、蹴飛《けと》ばす。その後、髪のしずくをぬぐったり、濡《ぬ》れた袂《たもと》や裾《すそ》を絞ってから、財布の中に手を突っ込んで金を数える。そこで唯一のセリフ「五十両……」と言う。するとイノシシが来るのでいったん身を隠し、もう一度舞台に出てくると鉄砲で撃たれる……という動きです。

演技の形は決まっていますから、髪をぬぐったり、着物を絞ったりしますが、「お客さんに何をしているのか、通じているのかなあ」と思ったら、どうにも恥ずかしくなりました。

セリフがあればまだましなんです。だけど仕草だけで見せる芝居じゃないですか。中途半端な気持ちで役者をやっていたからでしょうけど、毎日、恥ずかしくてしょうがなかった。

うまくいった舞台は思い出さないんですが、この時の舞台のことはいつまでも忘れられないですね。

今となってわかることですが、結局は、「慣れ」なんですね。恥ずかしい思いを何回も、何十回もするうちに、だんだんと形になっていくものなんだと思います。芝居に限らない話かもしれません。いろいろと経験するうちに、力の抜き方を体が覚えるんですね。

今でもふと「恥ずかしい」と思う瞬間がありますよ。芝居の道が奥深いのか、自分がいつまでも未熟なのかわかりませんけど、「いい演技だ」なんて満足して終えられることなんか、ほとんどありません。

「百貫目の荷物」

初めての役をやる時は、どなたかに教えを請うのが基本です。

私の場合、親父に何かを教わったことはないです。役者さんには、「この役は父に教わりました」とおっしゃる方も多いですが、親父はそういうことは、ほとんどしなかったですね。

背が高くなった私を見て、自分と同じような二枚目や女形になることはないと見定めたのかもしれません。

その代わり、その時期、その時期に合わせて、お師匠さんを見極めてくれました。今でも、それが一番ありがたいと思っていますね。

私は紹介されたお師匠さんに連絡をとって、「今度、これこれという役をやらせてもらいますけど、お稽古をつけてくださいませんか」とお願いします。そして「何日がよろしいでしょ」と返事をいただく。指定された日にうかがって、その日のうちに全部やってしまいます。

若い頃に、よくうかがったのは、羽左衛門《うざえもん》のおじさん（十七代目市村羽左衛門）です。斧定九郎を教わったのもおじさんからでした。

たいへんにきっちりとした方で、基礎をしっかりと教えてくれました。

稽古場《けいこば》にうかがうと、最初におじさんがひと通りやってみせてくれます。セリフはもちろん自分なりには覚えていきますが、その場で口移しで教わります。

最後に「やってみな」

と言われて、見よう見まねでやってみせるんですが、案の定ですよ。すぐにできるわけないじゃないですか。

「おまえ、それじゃ何をしているのかわからねえよ」

と叱られます。

おじさんと同じようにやっているつもりですが、年季が違いますから、何も知らない子どもが大人の真似をしているのと一緒です。

その場で「よし」と言われましても、後からいろいろと注意されます。ほかの役者さんと行う稽古なんかも見に来てくださるし、本番に入ってからも言われます。楽屋には昔なら拡声器、今はテレビがついていて、舞台の様子がよくわかるんです。

ある時、こんなことを言われました。

「俺は今、おまえに百貫目の荷物を背負わせているんだ。おまえにはまだ重たすぎるかもしれないけど、それをこんなの重くていやだって置いちゃだめだよ。あくまでも、よし、こいつを担げるようになってやろう、という気持ちでおやんなさい」

若い頃の私には一貫目だって重たくて、背中がぎしぎしいうくらいに難しかったですね。

譲られた大役

羽左衛門のおじさんからは、文字どおりの重いものも背負わされました。

『助六《すけろく》』の敵役《かたきやく》、意休《いきゅう》です。長くて白い髭《ひげ》を生やしているので、「髭の意休」といわれる役です。

ひと通り教わった後に、「この役は、おめえに譲るからな」とおっしゃった。ありがたいことに、それから何度もやらせていただくことになって、「当り役」と言われるようにもなりました。

でもね、考えてみると、この役って、誰もやりたがらないんですよ。重い衣裳を着て、正面を向いて、一時間じっとしていなきゃいけない役ですから、くたびれるんです。衣裳は表に金糸があるから、相当に重いです。しかも膝《ひざ》の間に拳《こぶし》が入れられるくらいの間隔で足を開いて、きちんとしなきゃいけない。たいへんな役なんです。

私は、おかげさまで我慢はできました。

というのは若い頃に、教えてくださった羽左衛門のおじさんのほか、三津五郎《みつごろう》のおじさん（八代目坂東三津五郎）や、仁左衛門のおじさん（十三代目片岡仁左衛門）などの、お年を召した方がこの役を演じているのを、見させていただいているからです。

その方々が、疲れたそぶりも見せずに、ピンと背筋を伸ばしていた。だから、「若い俺が負けるものかぁ、こんちくしょう」と気を張って我慢したんです。

年をとるとだんだん尻の肉も薄くなるから、合引《あいびき》といって小さい腰掛けのようなものを敷きます。これがまた痛くてね。膝の間隔も、だんだん開いてきたりします。

意休役は、まだセリフがあるから救われるけど、子分として出てる方なんかは、いっさいセリフを言わないまま、じっと座り続けなきゃいけない。そういう方々にも、負けてはいけないという気持ちもあります。

なぜ羽左衛門のおじさんが「おまえに譲るよ」とおっしゃったのか、昔はわかりませんでした。もちろん今では、「おまえに合っている。おまえのほかにはやる人間がいないよ」という意味だったのだと理解しています。

私はまだまだ意休役は譲りませんよ。

だって飯の食い上げになるじゃないですか。

もちろん敵役をやるのは、私ばかりじゃない。(四代目)市川段四郎《だんしろう》さんとか、坂東彌十郎《やじゅうろう》さんなどの方々は、同じような役をやることが多いですね。

ですから同じ意休をやるにも、個々の持ち味があるのはいいことだと思います。

「左團次しかできない」と褒められている間が華です。これが「またしても左團次なの」と言われるようになったらおしまい。

そうならないように、精一杯やらせていただくだけです。

＊

羽左衛門のおじさんには、「芝居をよく見ろよ」とも、言われました。

人の芸は「見て盗め」ではないですが、出番がないからといって、遊んでないで、ほかの人の芝居を見て勉強しろ、ということですね。

「今のおまえにできること」

紀尾井町《きおいちょう》の松緑のおじさん（二代目尾上松緑）にもずいぶんとお世話になりました。教え方は羽左衛門のおじさんとはまったく違いました。

ひと通り、稽古をつけた後に、こんなことを言うんです。

「今のおまえにできるのはここまでだ。そのくらいしかできねえよ。だけども俺の教えているのが本当だから、忘れないでくれ」

私の力では教えられたとおりにはできないんだから、できる範囲でやればいい、ということでしょうね。

「まあ、本当は違うけど、今のままでいいよ」

と言われたこともあります。

でも、それじゃあってんで、自分勝手にやっていると、突然怒られましたね。

「てめえなんか役者やめろ」

と、えらい剣幕で言われたこともあります。

この時は、一瞬むっとしましたが、大先輩に「うるせえ。こっちから、やめてやらあ」とは間違っても言えませんでした。

親父から言われたら、勢いで反発することもあったかもしれません。そのへん、私の性格も知っているから、自分では教えずに、ほかのおじさんにお願いしていたのかもしれませんね。

チンピラな役者

先代の勘三郎《かんざぶろう》のおじさん（十七代目中村勘三郎）にも、気にかけていただきました。

初めはたいへんなしくじりをしましたね。恥ずかしい話があります。

まだ二十代の頃でしたか、楽屋の廊下を歩いていましたら、前方から勘三郎のおじさんが歩いてこられた。

子どもの頃から、おじさんのことはよく知っておりましたから、当然、

「おはようございます」

と挨拶《あいさつ》します。ところが、お返事がない。ご機嫌が悪かったのか、黙ったまますれ違った。

その時は、声が聞こえなかっただけかと思いましたが、翌日も、同じようにすれ違うことがあって、挨拶したけれど、またもやお返事をいただけなかった。

答えていただけないどころか、おじさんがふんぞり返るような仕草をするんです。こちらの声が聞こえてないわけじゃないのは、明らかでした。

私も若かったから、かあーっとのぼせてしまいました。

「もう金輪際《こんりんざい》、挨拶なんかしてやるか」

と決めたんです。

勘三郎のおじさんは、気難しいところがあって、好き嫌いのはっきりされている方でした。好きな人は徹底的に好きだけど、嫌いな奴とは口もきかないという性格です。

だから、私も嫌われたのかな、と思いました。

そうはいっても、中村屋の大看板です。若造だった私が、挨拶もしないというのは、生意気きわまりない話でした。

おじさんだって不愉快だったでしょう。苦虫をかみつぶしたような顔をされていました。

しかも、どなたかが私のことで余計な告げ口をしたみたいです。

「高島屋の息子には、気をつけたほうがいいですよ。あいつはちょっと前まで、本物のチンピラだったそうで、今でも懐にドスをしのばせているという噂《うわさ》です。あまり刺激しないほうがいいですぜ」

「懐にドス？　おそろしい話だな」

たしかに若い頃の私は、チンピラみたいな風情で、不真面目な役者でしたよ。でも、本物のドスを持って、劇場をうろうろしているわけないじゃないですか。

その告げ口のおかげで、余計に警戒されていたのかもしれません。

『四谷怪談』で演じた代役

互いに無視し合う関係も、一つの出来事がきっかけで雪解けを迎えました。

歌舞伎座で、勘三郎のおじさんが、お岩《いわ》さんの役で『東海道四谷怪談《とうかいどうよつやかいだん》』をなさった時です。相手役の民谷伊右衛門《たみやいえもん》は、（十四代目）守田勘彌《もりたかんや》のおじさんが演じられました。

無事に公演も終えようかという、千穐楽《せんしゅうらく》の夜のこと。勘彌のおじさんが、脳貧血でお手洗いで倒れてしまったんです。とてもじゃないけど出演できない。

帰り支度をしていた私は、父に呼び戻されました。

「おまえ、伊右衛門のセリフ入っているな」

「は？」

「だから、伊右衛門のセリフを覚えているのか、と聞いているんだよ」

「覚えてますよ」

「だったら、おまえが代わりだ。中村屋さんが、そう言っているんだよ」

とんでもない話ですよ。

勢いで「覚えている」なんて言ってしまいましたが、芝居の勉強が嫌いですから、こまかい動きまではよくわかっていない。お岩をだまして毒を飲ませ、化けて出られるくらいのことは知ってましたが、それをどう演じろというのか。

しかもお岩さん役は、勘三郎のおじさんときています。

だけど、考える余地なんかないですからね。いきなり代役として舞台に立ちました。親しい役者さんが、小声で「もっとこっちだ」「そこに座って」と指示してくださって、どうにかこうにか、大役を果たすことができました。

いや、果たしたと言えるのか。ともあれ若さにまかせて、最後まで演じきりました。

さあ、芝居が終わった後です。

いくら苦手な人だって、相手役にご指名いただいたんですから、挨拶しないわけにいかないじゃないですか。こればかりは礼儀だから仕方ない。覚悟を決めて、勘三郎のおじさんの楽屋を訪ねました。

「どうもありがとうございました」

目なんか合わせられませんよ。楽屋の隅っこで、下を向いて挨拶しただけです。今までが今までですから、小言のひとつも覚悟して、縮こまっていました。

そしたら、

「ああ、ご苦労さん」

と、ねぎらいの言葉をかけてくださったんです。

このひと言で、しこりが全部とけたような感じになりました。やあ、いい人だなあ……って。

呼吸が大切なセリフ

いったんそうなりますと、私は単純だから、勘三郎のおじさんがすっかり好きになりました。おじさんも私を可愛がってくださるようになり、一緒のお芝居に出させていただいて、助言をいただく機会が増えました。

勘三郎のおじさんが『俊寛《しゅんかん》』を演じられた時に、敵役の瀬尾《せのお》として出させていただいたことがありました。島流しになっている俊寛を毒づくだけ毒づき、最後にその俊寛に刺される役です。

普段は（八代目）三津五郎のおじさんとか、延若《えんじゃく》のお兄さん（三代目實川《じつかわ》延若）など、立派な役者の方が演じられていました。

演技は、その延若のお兄さんに教わりました。

幕が下りて挨拶に行くと、勘三郎のおじさんは、

「欣也ちゃん、あれは、よかったよ。あれは、忘れないでね」

と声をかけてくださるんですよ。「俺もまんざらじゃないかもしれない」と思って、とってもうれしかったですね。

逆に「あそこは、こうしたほうがいい」と注意してくださることもあるんですが、素直に手直しをすると、「そうだ、あれでいいんだ」と褒めてくださる。

こういうやりとりをしているうちに、だんだん自信がついてきて、芝居が面白くなったのはたしかです。

やがて昭和五十一（一九七六）年、私が三十代半ばの頃でしたか、勘三郎のおじさんが主役をなさった『松浦《まつうら》の太鼓《たいこ》』という芝居で、宝井其角《たからいきかく》という重要な役に抜擢《ばってき》してくださいました。

これも本来なら、意休や瀬尾みたいに、三津五郎のおじさんや仁左衛門のおじさんなど、私よりずっと立派な方がやるような役です。それを突然させていただくことになったんです。

内容は、赤穂浪士《あこうろうし》の話です。討ち入りの日を秘《ひそ》かに楽しみにしている松浦公という殿様に、俳人の其角がそれとなく俳句によって決行が近づいていることを教える場面があります。

其角は浪士・大高源吾《おおたかげんご》の妹を連れて花道を去ろうとする時に、自分の発句につけた源吾の句を殿様に披露します。

「年の瀬や水の流れと人の身は」

までが其角の発句で、

「明日待たるるその宝船」

が源吾の句です。

その意味を考えた殿様は、はっと悟るんです。

間合いが大切な場面ですから、勘三郎のおじさんは、丁寧に教えてくださいました。

「欣也ちゃん欣也ちゃん、あのセリフの間《ま》は、すーっと大きく息を吸って。それから言うんだよ」

そして翌日、その場面になると勘三郎のおじさんが私に見えるように大きく息を吸ってくださっているんです。私も、一緒に息を吸って間を整えて、そしておじさんがゆっくりと息を吐くのに合わせて、セリフを言う。

とても勉強になりましたよ。

あの時は、勘三郎のおじさんは松浦の殿様でなく、一個人として導いてくださった。その情がうれしくて、たいへん感激いたしました。

菊五郎劇団の結束

こうしていろんなおじさんたちに助けられながら、なんとか役者として徐々に格好がつくようになりました。

おじさんたちはみな、私たち若手の気持ちをよく理解してくださっていました。叱る時には叱り、褒める時には褒める。こういうことの繰り返しでしか、人間一人前になれないんじゃないですかね。

特に気持ちよく褒められると、うれしくなるもので、成長がいちだんと早くなるような心地がします。

私が属した菊五郎劇団というのは、結束力があって、みんなで若い役者を育ててやろうじゃないかという空気がありました。

名題下《なだいした》といわれる、立廻りなどをやられる役者さんにも、私よりずっと年上の方たちがおられまして、色々な注意をしてくださいました。

「欣也ちゃん、あれは違うよ。こうだよ」って、よかれと思うから、遠慮なくおっしゃるんですよね。先輩たちも、「おまえ、あそこはそうじゃないぞ」「俺は、あんな見得はしねえよ」と、ずけずけとおっしゃる。

人様に教わらないと何もできない世界ですから、どの言葉も、たいへんありがたいんですが、ただちょっと困ることでもあるんです。

というのは、芝居というのは教わったことを原則的に、自分の判断で変えちゃいけないんです。そういうところで成り立っているものですから。

ですから松緑のおじさんに教わった演技を、別の先輩のご助言にしたがって勝手に変えると、「おまえ、俺の教えたとおりにしてないじゃないか」と叱られる。

一方で、教えを守りながら、だんだん自分の芝居にしていかなければならないのもたしかです。

何十年もたって、「あの時、あの兄さんが言ったことは、こうだったんだな」と思い起こすことがありますね。

＊

そのいっぽうで劇団のおじさん方は、舞台の上で人を笑わせるのが好きで、よくセリフの合間に即興で冗談を挿《はさ》んでいました。

例えば「おまえ、だれそれさんのところに行ってくれ」と言われて、「へえ」と走っていこうとすると、不意に呼び止められるんです。そして、

「おまえ、その家にはどうやって行くのか知っているの？」

と聞かれる。セリフにないから、もちろんわかりません。現代劇ならともかく、昔の話ですから、咄嗟《とっさ》に地名も浮かびませんしね。

おじさん方は、舞台の上で笑ってなさる。菊五郎劇団をご贔屓《ひいき》にされている方も、冗談に気づいて喜ばれる。

こういうことができたのも、劇団の仲がよかったからです。

それと歌舞伎の世界ものんびりとしていましたし、お客様もさばけていたのでしょうね。

戦後しばらくすると、松緑のおじさんのところに投書が寄せられました。

「舞台の上で笑っている役者がいるから、松緑さんが注意してください」という内容です。でも当の松緑のおじさんが笑わせていたのだから、注意するわけにもいかず、お困りになっておられました。

敵役の道が定まる

自分の役どころが、だいたい敵役と決まってきたのは、先ほど申し上げた『俊寛』で瀬尾をやらせていただいた頃からですかね。

こう言ってはなんですが、それまで敵役をやっていた方が、次々にお亡くなりになられて、その役がこちらに回ってきたようです。

私には、どうしたいという目標があったわけではなく、皆さんが敷いてくださった線路に乗っただけです。

敵役のこつを誰かに教わったりはしませんでした。斬《き》られて倒れることはよくあるのですが、歌舞伎は様式美のなかでやっているので、特に本物のように見える必要もありません。

脇役《わきやく》によって、芯《しん》（主役）の方の芝居が変わるのはたしかです。ですから、芯の方が「今日は、気持ちのいい芝居ができた」と満足されて、日々の幕が下り、千穐楽《せんしゅうらく》を迎えるようにするのが、脇の役者の大事な役割です。

それをどうやったらいいのか、というのは、いまだにわかっていないところもあるんですけど。親父にほとんど何も教わらなかったとは申しましたが、女形を演じる時の心得だけはじかに言って聞かされました。

何の芝居だったか覚えておりませんが、（七代目）芝翫のお兄さんが三枚目の女形を探していることがありました。間に立った親父が「おまえを貸してくれと言ってるんだけど、できるの？」と聞いたのがきっかけですね。

それから時おり、女形として出させてもらうようになりました。

こんな姿ですから、女形といっても三枚目だけです。それで親父が、こう言ったんです。

「おまえの背丈と声柄で女の格好したら、それだけで笑わない人はいないだろ。だから普通の女形さんの化粧《かお》をしたらいいんだよ。そのうえに変な顔をするなよ」

例えば『身替座禅《みがわりざぜん》』という芝居に登場する、嫉妬深い奥方・玉《たま》の井《い》を演じる時などは、この教えにならうようにしています。

登場人物の腹を知る

おじさんたちは、いくつになっても私を気にかけてくださいました。

羽左衛門のおじさんが亡くなる少し前、新橋演舞場の『仮名手本忠臣蔵』で、私が高師直《こうのもろのう》を演じたことがありました。塩冶判官《えんやはんがん》の妻に横恋慕し、判官を切腹にまで追いつめ、討ち入りの発端をつくる人物です。

おじさんも、楽屋のテレビで私の芝居を見てくださって、こう言うんです。

「おまえ、あれでは喧嘩《けんか》だよ。高師直は、喧嘩をしかけてるんじゃないんだよ」

なるほどなと思いました。

簡単に言えば、かみさんが俺になびかねえなら、旦那のこいつにちょっと意地悪しようか、怒らせて御家断絶にしようか、と、ちょっかいを出しているんですね。

相手は我慢強いですから、「あれ、これでも怒らない。だったら、この手でいこう」と意地悪を重ねていく。

大切なのは、その人物の「腹《はら》」を知って演じることだと、おじさんはおっしゃりたかったのでしょう。その人物が、どういう考えや感情をもって行動しているかを心得ていれば、おのずと動きが伴ってくるんです。

もちろん演技を注意されたからといって、翌日からすぐにできるようになるわけではないです。私の声柄だと、どうしても喧嘩をしかけているように聞こえてしまうことがある。そこから考えないといけないんです。

徐々に改めていくしかなかったですね。

*

高師直といえば、昨年（平成二十五年）でしたか、海老蔵さん（現市川團十郎白猿）が演じられたんですよ。主役の大星由良助《おおぼしゆらのすけ》は、幸四郎さん（現松本白鸚《はくおう》）です。

それで海老蔵さんが、「教えてください」と見えられたんです。

そうは言っても、もう一人前の役者さんじゃないですか。何も知らなかった私が、おじさんたちにああだこうだと言われたのと違って、もう芯を勤めることも多い方です。私よりずっといい役をなさっているわけです。

こういう場合は、セリフの言い廻しにこまかく口出したりしません。そういうのはご本人が工夫なさればいいことです。

ただ、羽左衛門のおじさんに教わった、一番の急所「これは喧嘩じゃない」ということは伝えました。

相手をだんだん高ぶらせようとしているんですね。だから、ただ強く言うばかりじゃなく、声をひそめたり、大きくしたりと抑揚をつけることが必要と申し上げました。

勘のいい方ですから、それだけで十分です。

＊

まあ、私はこういう人間ですから、海老蔵さんのような一人前の役者でなく、何も知らない若い方が来たとしても、羽左衛門のおじさんのように、手とり足とりは教えないでしょうね。

どちらかといえば、松緑のおじさん流。その人なりの力を見ながら、できることを教える形になってくると思います。

四代目左團次

親父が亡くなったのは、昭和四十四（一九六九）年、私がまだ二十九歳の時です。肝臓がんで逝《い》きました。享年七十一です。

がんセンターに入院する直前まで、舞台を勤めておりました。国立劇場で踊ったのが最後だったと思います。

私と違って勝負事が嫌いで、トランプや麻雀《マージャン》には手を出さない人でした。かといって堅物というわけではなく、粋で明るくて、年中シャレばかり言ってました。

ひと言でいえば、たいへんダンディな人でしたね。

昭和三十九年に人間国宝となり、翌四十年には文化功労者となりました。

そんな親父が、入院すると「家に帰りたいよ」なんて、わがままを言いましてね。相当につらかったんだと思います。

親父が死んだ、と聞かされたのは、私が歌舞伎座に出ている時です。

「お父さんが、お亡くなりになったそうだよ」

と、どなたかから聞いて、

「そうですか。いろいろとお世話になりました」

と挨拶したのを覚えています。

舞台が終わって、すぐに病院に行きました。不思議なもので、すぐに悲しみというのはわかかないものですね。どこかで覚悟していたというのはありますが、本当の悲しみは、しばらくして一人になれた時にやってくるものです。

三代目から受け継いだもの

親父は、本当にいい役者だったと思います。

歌舞伎役者というのは、皆それぞれ自分の親が一番うまいと思っているものです。だからこそ親父は、あえて私には芸を教えなかったんだと想像しています。

親から教わってしまうと、他の人に何か言われた時に、どうしても不満に感じてしまう。こっちは一番うまい人に習っているのに、なんだ？　とね。

そういう考えが伝わると、もう他の方は、何も教えてくれなくなります。

親父は、それを避けたかったんでしょうね。

また左團次の家は親戚が少なかったので、自分の年を考えた時に、身内ばかりを頼っていると、私の未来があやうくなると考えたのでしょう。

そのおかげで、私は「ひと様の意見を素直に聞く」という大事な宝物を授かりました。

うちの親父は、菊五郎劇団で最年長だったんです。だからトップに立って、他の役者さんを引っ張ろうと思えばできたと思うんですよ。

しかし、そうはせずに、あえて自分は陰にまわって、他の役者さんの引き立て役になりました。

自分が目立つことなど微塵《みじん》も考えず、常に劇団全体のことを考えていた人でした。

そして、ほとんど怒ることがない人でした。

親父が怒る姿を見たのは、一度だけですね。

テレビで『銭形平次《ぜにがたへいじ》』などをおやりになった（二代目）大川橋蔵《おおかわはしぞう》さんの芝居に出た時です。大川橋蔵さんは、うんとお若い頃に親父のお弟子さんでした。橋蔵さんのお父様が親父のお弟子だったのでそうなったのでしょう。その関係で出演したのですが、若い演出家から「左團次さん、ああしてください、こうしてください」とこまごまと言われて、「てめえみたいな小僧っ子に言われる覚えはねえよ」って、かつらを叩き付けた、という話はあります。

橋蔵さんが後から謝りに来られましたけど、後にも先にも、その時くらいじゃないでしょうかね、親父が怒ったのは。

普段は、多少いやなことがあっても、柳に風と受け流していました。

私も、それを見て育っていますから、あまり怒らない人間になりましたね。

そりゃ毎日、仕事をしていれば、面白くないことっていっぱいあります。だけど、何百人という人数が歌舞伎に関わっているなかで、自分が今ここで怒らずにいれば、周りの方々も、その日一日いい雰囲気で過ごせるかもしれない。そう思えば、怒鳴ったりしてもしょうがないじゃないですか。

昔は地位のある役者同士の楽屋が相部屋《あいべや》になって、どっちが表に暖簾を出すか、なんて争いになることもありました。この頃はあまり聞かなくなりましたが、そういうところからいさかいが起きたりもしたものです。

こういう了見が私にはわからない。どっちが出したっていいじゃないか、と思いますね。

だいたい私は、自分の部屋がなくても気にしないくらいの人間なんです。化粧《かお》するのだって、風呂場でも便所でもかまわないんですから。

だから私は、喧嘩ってのは、ほとんどしたことないです。

まあ、喧嘩したって、口が達者じゃないほうなので負けてしまいますけどね。

襲名披露で『毛抜』を演じる

私が、四代目左團次を継いだのは、親父が亡くなってから、およそ十年後のことです。昭和五十四（一九七九）年二月に歌舞伎座で襲名披露を行いました。

名跡を継ぐという話を最初にいただいた時は、なんとなくまだ早いような気がしました。

頭の片隅では、いずれ五十か六十になったら、左團次を継ぐんだろうな、とは考えていました。けれど、前にも申しましたが、そもそも左團次というのは、親父が「一代限り」という約束で継いだ名前です。

その頃の自分は、まだまだ一人前の役者になっていませんでしたから、仮に左團次を継ぐことがあっても、ずっと先の将来だろう、と思っていました。

同時に少し気が重いといいますか、男女蔵のままでいたほうが気楽でいいのにな、なんてことも考えましたね。四代目を継ぐと、役柄も制約されるんじゃないか、と、いらぬことを考えたものです。今思うと、いい気なもんでした。

襲名披露は、さすがの私も緊張しました。皆さんもそうですが、一か月も前から紋付袴姿《もんつきはかますがた》で、先輩方やご贔屓の方のお宅へ、「このたび、襲名をさせていただくことになりました。どうぞよろしくお願いいたします」と扇子と手拭をお渡しして、ご挨拶まわりをしたものです。

襲名の時に、主役を勤めさせていただいた芝居の一つが、『毛抜《けぬき》』でした。公家《くげ》の屋敷内で御家騒動が起こり、主人公の粂寺弾正《くめでらだんじょう》が悪者を懲《こ》らしめるという話です。荒事《あらごと》のなかにもユーモラスな場面がある、楽しい芝居です。

「歌舞伎十八番」の一つに数えられていますから、もともとは市川團十郎さんの家の芸でした。ただ江戸時代以来、長らく演じられてなくて、明治に入って、二代目の左團次が復活させました。他の家の芸を、そう簡単に復活できるものか、当時、どのような手続きがあったのかは知りませんが、そう伝わっています。

私が『毛抜』を演じることになったのは、そういう事情もあったかもしれません。私自身はまだ若く、何も考えてなかったので、言われるままに役を演じておりました。

弾正の役は、（二代目）松緑のおじさんに教わりました。おかげさまで、その後、当り役の一つに数えていただきました。

今年（平成二十六年）も、弾正を演じさせていただく機会がありました。体力的にはたいへんな役です。それに團十郎さんや海老蔵さんではなく、この私が市川家の一人として演じていいものか、という責任が常につきまといます。

でも、それだけやりがいのある役ですし、またやらせていただけることは、本当にありがたいことだと思います。

左團次という名前は継いでも、親父とは違うタイプの役者ですし、初代や二代目のことはよく知りません。だから、自分なりのことができればいい、と、なかば開き直りのような気持ちをいだいたまま、今日に至っています。

＊

昔のことをよくご存じの方から、「見た目が二代目左團次に似ていますね」なんて言われることもありますが、どうなんでしょうね。二代目は、体格も口跡《こうせき》もよくて、たいへん華やいだ役者だったそうですから、そう言われるだけで恐縮なことです。

でも「梨園《りえん》の紳士」と言われたほどの立派な人格に追いつけるはずもないですからね。そんなに意識せずに、自分は自分という気持ちでやってきました。

歌舞伎とドラマの違い

歌舞伎役者は、映画やテレビドラマなど、いわゆる「外の仕事」に呼ばれることもあります。私も、三十代からぽつぽつと呼ばれるようになりましたが、初めのうちはなかなか慣れませんでしたね。

歌舞伎のセリフは「なにが、なにして、なんとやら」と、いわば江戸時代から変わらない口調じゃないですか。けれどもテレビや映画の俳優さんは、ちょんまげして、刀を差しても、現代人の口調でしょう。そこを意識しないままに演じていると、芝居にものすごく開きが出るんですよ。

まだ親父が生きていた頃、北大路欣也《きたおうじきんや》さんが主演したNHKの大河ドラマ『竜馬《りょうま》が行く』（昭和四十三年）に出させていただいたことがあります。この時は、とても恥ずかしい思いをしました。

親父が剣豪の千葉周作《ちばしゅうさく》役で出ていて、私はその甥《おい》っ子という役でした。剣の修行に江戸に出てきた北大路さんの竜馬の相手役として、出演しました。

北大路さんは、今の人と同じ口調で、すーっと話すんですが、私のほうは歌舞伎風に「しか～らばぁ、ごめ～ん」と抑揚をつけている。あまりにしゃべり方が違うんで、後からでき上がったのを見て、「うわー、これは恥ずかしい」と頭を抱えてしまいました。

それが見ている方の面白みにつながればいいんですけど、「なんなの、この人」と思われたに違いないでしょう。

*

六十歳を過ぎて、ようやくわかってきたことがあります。

役者として一人前になるということは、歌舞伎の舞台に上がる時でも、ドラマや映画に出る時も、いちいち構えることなく、素の自分のままに演じられるということなんだ、と。

歌舞伎だから、ドラマだから、と考えることなく、両方の芝居がすっと合わさるような境地。それができたら、本物の役者ということでしょうね。

大河ドラマは、最近では『義経《よしつね》』（平成十七年）や『風林火山《ふうりんかざん》』（平成十九年）に出演させていただきました。

この頃になると、自分ではだいぶ素の演技ができているつもりではいますが、テレビで放映されたのを見ると、やはりまだまだ素になりきれていないかもしれません。

やはり慣れ親しんだ歌舞伎の世界から、簡単に抜けきれるものではないですね。

映画出演の楽しみ

なんだか悩んでばかりいるような言い方になってしまいましたが、基本は、テレビドラマや映画に出ることを楽しんでいます。

芝居と違って撮影まで待たされる時間が長いのが玉にキズですが、知らない世界に触れるのも新鮮な気持ちになっていいもんです。

特にドラマや映画には、歌舞伎には絶対にいない女優さんがいます。正直な話、それが、一番の刺激になります。

四代目左團次を襲名して間もない頃、泉鏡花《いずみきょうか》原作の『高野聖《こうやひじり》』というドラマに出演したことがありました。

山奥に住む美女に惚《ほ》れた男が、動物に変身させられてしまう話です。その美女役が日活ロマンポルノの女優さんだった田中真理《たなかまり》さん。ポルノは引退されてからの作品でしたが、それでも色っぽいシーンはありました。

川で水浴びをする場面がありまして、水着をつけていると映ってしまうというので、裸にならされての撮影でした。よっぽど見たいと思いましたが、あいにく私は女性の誘惑に負けない禁欲的な坊さんの役です。顔を向けるわけにはいかず、残念でしたね。

ポルノ映画に出演させてくれ、なんて関係者に頼んだこともありますが、あれはあれでなかなかたいへんな世界のようで、早々に断念しました。

＊

平成十九（二〇〇七）年に公開された『さくらん』という遊廓を舞台にした映画では、土屋《つちや》アンナさんが演じる主人公の花魁《おいらん》を鍛えるご隠居役を勤めました。

この時は土屋アンナさんに膝《ひざ》枕してもらう場面がありました。役得と思われるでしょ？　でも実際には頭を膝につけないいんですよ。

理由は簡単で、かつらをかぶっているからです。かつらをぐしゃぐしゃにすると、床山さん（かつらや髪の毛を扱う専門職）に悪いですからね。それに、あんまり体重をかけるのも相手の方に失礼じゃないですか。

歌舞伎の世界では当たり前のことを自然とやったまでですが、今の映画の世界では珍しいらしく、思いのほか感心されました。

長いこと役者をしてますと、たまにはそういうこともあります。

浅草の独身時代

左團次を継いで間もなくに、私は独り身の気軽な暮らしに戻りました。

戻った、というのは、それまでは結婚していた、ということです。最初の結婚を二十二歳の時にしまして、その五年後に長男（当代の男女蔵）が生まれました。子どもができても、家庭を顧みない身勝手な生活をしてたら、女房に逃げられた、というわけです。

別れるまでは横浜に住んでいましたが、その後、浅草のマンションが空いている、とすすめてくれる知り合いがいて、引っ越しました。

こうして、しばらく浅草を根城にすることになりました。

「下町情緒に惹《ひ》かれたんですか？」なんて聞かれる方もいますが、そんな気持ちはまったくありませんでした。劇場のある銀座や新橋に通うのには、とても便利でしたけどね。

浅草には、終演後によく行く和食屋さんがあって、ご主人には家族のようによくしてもらいました。遅くまでやっている店で、私の栄養のバランスを考えて、違った献立をいつも考えてくださる。芝居が終わってから、「今日は何を食べようかな」と毎日考えるのも億劫《おっくう》ですから、まるでその店に帰るような感覚でした。

すると店の常連さんと親しくなるのが人情というもの。浅草で働いている方が、自分の仕事が終わってから集まってくるような店なので、みんな地元に縁のある方ばかりです。

皆さんからは、なぜか「会長」と呼ばれていました。えらそうにしていたわけではないんですけど、めんどくさそうな人間だから、祭り上げとけとでも思われたのでしょうか。

店のご主人が私と同じ麻雀好きで、常連さんにも何人か同好の士がいらしたから、よく店が終わった後、朝まで麻雀をしたものです。その後に昼の芝居にも出たりしてたのですから、我ながら、体力がありましたね。

今はご主人は亡くなられて、店は他の業態に変わってしまいました。たまに浅草へ食事に行ってお店の前を通ると、何とも言えない寂しさに包まれます。

昔は小さかったそのご主人のお子さんたちが今では成人されて歌舞伎を見に来てくださいます。

最初で最後の落語

その頃、ひょんなことから落語家の方とも親しくなりました。

歌舞伎の大先輩に（五代目）片岡市蔵《いちぞう》さんという方がいらっしゃるんですけど、その方の娘さんが、上野の近くの湯島天神のあたりでスナックをなさっていたんです。

私は酒は飲みませんけど、帰り道のほうですから、時々お邪魔していました。

そこは、落語家さんがたくさんお客さんとしていらしていて、いつしか親しく話をさせてもらうようになりました。

落語家さんの世界には「しか芝居」というのがあるんですね。仲間内で演じる芝居です。落語家さんは、噺家《はなしか》さんともいいますから、「しか芝居」と呼ぶんです。

店に来る方はみんな、私が歌舞伎役者だとご存じだから「今度出てよ」なんて、たびたび誘われました。さすがに本業の役者が出るのはまずいでしょうから、それではというので、代わりに落語をやらせてもらったんです。

稽古をつけてくださったのは、柳家小里《こり》んさんでした。浅草にお住まいの落語家さんです。噺は『子ぼめ』。粗忽《そこつ》な男が知り合いの子どもを褒めようとして、失敗する噺です。落語を聞くのは好きでしたけど、見るのとやるのでは大違い。自分で演じるのは、たいへん難しかったですね。

だいたい台本がないとは知りませんでした。落語家の皆さんは、テープや口移しで噺を覚えられるそうです。私なんか聞いた話が右の耳から左の耳にぬけてっちゃう人間ですから、いつまでたっても頭に入りませんでした。

また上下《かみしも》を切るといって、落語家の方は顔を右左に振りながら会話をすすめますが、それもできない。本番では、ご隠居が誰もいない宙に向かって話したりしてました。

小里んさんに教わったことで、一番、印象に残っているのは、「役をつくっちゃいけませんよ」という注意です。

私たち舞台の人間にとっては、二枚目、女形、おじいさん、おばあさん、若い人を演じ分けるのが当たり前です。声の調子とか、セリフの言い廻しとかも、それぞれ変えるわけじゃないですか。

ところが落語というのは、大店《おおだな》の旦那、手代、近所の人が会話する時も、それぞれの人物になりきっちゃいけないそうですね。おかみさんとかは女の人らしい声にしますけど、基本は声柄も変えない。それが喋《しゃべ》りの芸というものだそうです。

とても難しくて、一回で懲りました。

歌舞伎だって満足にできていないんですから、どだい落語をやろうというのが無理な話でした。

二人の「サダンジ」

落語家さんについては、また別の思い出話もあります。

立川左談次《たてかわさだんじ》さんという、字は違いますが、私と同じ名前の落語家さんと知り合ったのも、その頃です。今は亡き立川談志《だんし》さんのお弟子さんです。この方とは、お会いして、すぐに意気投合しました。

その左談次さんの奥さんが私のファンだとおっしゃるんです。

それでふと、いたずらを思いつきました。左談次さんがいらっしゃらない時に、お仲間の落語家さんから、お住まいを教えてもらったんです。

このへんです、という家を訪ねて、呼び鈴を押しました。

「どちらさまですか」と奥様の声。

「左團次です」

と言うと、奥様は自分の旦那が帰ってきたと思い込まれた。私は声色《こわいろ》を使ったわけじゃないですが、わざわざ、そんないたずらをする人もいないでしょうからね。何の疑いもなく、ドアを開けてくださった。そして阿鼻叫喚《あびきょうかん》の大騒ぎ。

「うわあー」

って、驚かれてました。そりゃそうですよね。お休みになられていたらしく、ネグリジェ姿でした。

厚かましくも中に上がらせてもらって。お茶をいただいていると、ご主人の左談次さんから電話です。私は代わりました。

「もしもし、こちら左團次です」

左談次さんも、たいへん驚かれましたね。納得されるまでに、やや時間がかかりました。

「ちょっと待って。今、家にいるのがサダンジさんなら、外から電話をかけている、このサダンジは誰なんだ?」

いやまあ、そんな落語のようなことはおっしゃられませんでしたけどね。

こんないたずらをしょっちゅうしている人間と思わないでください。相手が洒落《しゃれ》のわかる方でしたから、ふとやってみたくなったんです。

新しい暮らしが始まる

かれこれ二十年くらいは、独身生活を謳歌《おうか》したでしょうか。

人呼んで、「夜の二枚目」。芝居では敵役を演じていますが、夜の街に出れば、二枚目になるというわけです。

そのまま一人暮らしを続けていられれば楽しいと言えば楽しいのですが、なんだかちょっと先行きが心配にもなってきました。五十代の時に心筋梗塞で入院して手術を受けましたから、少しだけ心細くなったのかもしれません。だって家族のいない私が夜中に一人で倒れたら、芝居が開く前まで発見されないなんてこともあるかもしれません。

そんなおり、たまたま二十六歳下の今のかみさんと知り合いました。結婚にいたった経緯は、さあどうだったでしょうか。

いつの間にか彼女と親しくなり、毎日電話で話したり、お茶を飲んだりする仲になりました。そして「こんなに毎日同じ時間を過ごしているのなら、一緒になってもいいんじゃないか」と、結婚を意識するようになったんだと思います。

こういう話は苦手ですから、私が死んだ後に、かみさんに聞いてください。入籍したのは、平成十八（二〇〇六）年の暮れで、披露宴は翌年の秋です。

歌舞伎の仲間を招待しますから、披露宴の日取りも、一年の興行を考えて、なるべくご迷惑をおかけしないように決めなければなりません。皆さん、お着物でご出席されるでしょうから、暑い夏は避けたい。そうすると半年以上先の秋になりました。

うちは親父もおふくろもいませんから、そういう面での苦労はかみさんにかけずにすんでいます。梨園《りえん》のしきたりなどを、口うるさく言う人がいませんからね。

倅《せがれ》もすでに独立しておりましたから、子どもを役者として育てる、という気苦労もありません。歌舞伎役者の母親は、皆さん、これがたいへんなんですよ。

だから、かみさんも気楽にやっているんじゃないでしょうか。

歌舞伎役者の妻は、劇場にご挨拶に行く時も、冠婚葬祭などに、私と共に出席する時も、常に着物なので、仁左衛門さんの奥様に私がお願いをして、着物の見立てをしていただきました。たとえば、役者の妻が劇場に来る時は、お客様より派手な着物は避けるように、とか、この柄だと、どこそこのお家の家紋と重なってしまう、などの色々なお話をしてくださりながら、着物屋さんにお付き合いいただいたそうです。円が回るほどお忙しい方なのに、よその家の嫁の面倒まで見ていただき、心から感謝しております。

ワンちゃんのいる家庭

結婚して大きく変わったのは、家族の一員に犬が加わったことです。犬なんて呼び方はいやなので、この後は親しみを込めて「ワンちゃん」と呼ばせていただきます。

今、家には二匹のチワワがいます。上の子が八歳（二〇〇六年生まれ）の「桃太郎」で、下の子が三歳（二〇一一年生まれ）の「桜次郎《おうじろう》」です。上の子は体が小さくて、ちょっと気難しく、かみさん以外の人にはなつきません。下の子は体が大きくて、愛嬌《あいきょう》のある性格で、初めて会った人にも人見知りなどせず遊んでくれとはしゃぎます。ワンちゃんにも、それぞれ個性があるから面白いものですね。

もともとは、かみさんが独身時代に「もも」という名前のポメラニアンを飼っていたんです。この子が可愛くて、可愛くて、私にすごくなついてくれて、いつもべったりしてました。もしかしたら、ももと一緒に暮らしたくて、かみさんと結婚したのかもしれませんね。私たちが入籍した記念日は、三人が家族になったという証《あかし》にももの誕生日にいたしました。

それからしばらくして、ちょうど入籍した頃に、福岡の博多座で公演がありました。滞在先のホテルから劇場に行く途中にペットショップがあって、そこに外に向かってワンワン吠《ほ》えていた小さなチワワがいたんです。毎日、行きがけに「可愛いなあ」と思いながら眺めていました。ところが生まれてから四か月も過ぎているのに、飼い主が決まった気配がない。それでかみさんにお願いして、うちで飼うことに決めました。名前はももの弟分なので、簡単に桃太郎です。

それから二年ほどして、ももが十七歳で亡くなりました。半年ほど前から具合が悪くて入退院をくり返していたのですが、ある朝ふと目が覚めたら、私が起きるのを待っていたかのように倒れたんです。状況がよく飲み込めず、かみさんと二人で急いで病院へ連れていったんですけど、「もう亡くなってますよ」と言われて呆然《ぼうぜん》といたしました。

私は親父が亡くなった時も涙を流さなかったんですが、動かないももを見ていると泣けてしょうがなかった。桃太郎も、花で飾られているお姉さんのももを不思議そうに見つめて、しょんぼりとしたまま、その日は何一つ口にしませんでした。

今も家には、ももの祭壇があって、毎日手を合わせています。

ももがいなくなってからは、桃太郎が我が家の一人っ子という状態が続きました。

そのうちお嫁さんを見つけてあげたいと思っていたんですが、公園に連れていくと他の家のオスのワンちゃんと遊びたがるんですよね。男の子は男の子と一緒がいいのかな、と考え始めた矢先、かみさんが彼女の実家近くのペットショップで、可愛いオスのチワワに出会いました。

その子が桜次郎です。

後で聞くと、桃太郎があまりにもママッ子で、自分にばかりなついているので、私のためにもう一匹飼おうと思ったようです。

ええ、桜次郎は私になついています。私が帰宅をすると真っ先にお出迎えをしてくれて大喜びで走り回っています。昔は知らん顔も多かった桃太郎ですが、今は桜次郎につられてお出迎えをしてくれるようになりまして、帰って玄関のドアを開ける前にいつもワクワクしています。

そんな二人と二匹の家族ですが、あの子たちにとってうちのなかで一番えらいのは、自分たちの世話をしている、かみさんです。ご飯をあげるのも、散歩に行くのも、かみさんがするわけですから、二匹とも、彼女の言いつけには従います。

私は悲しいことに自分たちより下の四番目です。たまにはご飯をあげたり、散歩に連れていったりもするのですが、地方公演に出れば一か月も家を空けるので、いてもいなくても困らない程度に思われているのでしょう。

私のほうは地方に長く出かける時は、必ずものの骨が入ったロケットと、二匹の写真を持っていきます。公演中はずっと、ホテルのベッドサイドに飾って「おはよう」と「おやすみ」の挨拶をします。それを眺めるたびに、家族がいることの喜びを感じます。

不規則でも充実した私生活

そんなわけで、ここ最近は、二匹のリンちゃんを中心に、毎日が回っています。

といっても、二匹とも宵っ張りの朝寝坊なので、私が朝早く出かける時は、まだ寝ています。ワンちゃんに、朝起こされるご主人の話もよく聞きますが、うちの場合、朝は私がいくら動いていても、知らんぷりですね。そのへんは、おたがいマイペースでやっています。

時間があれば、二匹の散歩にも付き合います。時には車に乗って、少し離れた公園まで遠出することもあります。

よく歌舞伎役者は「何時に起きて、何時に寝られますか」と聞かれますが、その答えは一つではありません。

午前十一時からの昼の部があれば早く起きますし、午後四時半からの夜の部だけでしたら、午前中はずっと寝ていても平気です。

夜は、もともと宵っ張りなので、わりと遅くまで起きていますね。オリンピックやサッカーの国際試合なんかをずっと見てますし、有料チャンネルで、古い任俠《にんきょう》映画や、プロの雀士《じゃんし》や芸能人が麻雀をやっている番組をずっと見ていたりします。うちのワンちゃんが夜遅くまで起きているのは、私の悪い影響なのかもしれません。

私は一日二食ですが、ご飯を食べる時間も、出演時間によってまちまちです。おなかがすいては力が入らないけど、おなかいっぱいになりすぎても声が出ません。さじ加減は難しいですね。

若い頃は、ついつい肉を食べすぎて、苦しい思いをしながら、舞台に立ったこともあります。「不規則な生活だから、体調を整えるのはたいへんでしょう」とも、よく言われますが、この世界で長いことやってきましたからね。体のほうが不規則な生活にすっかり慣れてしまいました。急に規則正しい暮らしを始めたほうが、びっくりするんじゃないでしょうか。

いずれにせよ役者にとって大事なのは、どこでも素早くご飯が食べられて、どこでもすぐに寝られることです。

一年を見渡しても同様です。二つの劇場に出演して目が回るほど忙しい月もあれば、出番のない月もある。最近は、会社のほうも私をいたわってくれるのか、若い頃のようにやたらと仕事を詰め込むことがなくなりました。

でも、あんまり休みが多いと、「左團次を呼ぶな」と言われてるのかと心配になったりもします。

そうそう、今の私の生活のなかで、大切な活力源となっている時間があります。かみさんの実家の方々との付き合いです。

どういうわけか、かみさんのお父上や弟さんと、ウマが合いましてね、ほぼ毎週土曜日に、遊びに出かけています。

特別なことをするわけではありません。家庭料理をごちそうになって、麻雀をやったり、連れ立ってパチンコに行ったり、とか、そういうことです。

でも、そういう「普通の生活」が一番だな、と、しみじみと思えるひとときです。

かみさんのほうがワンちゃんと先に自宅に帰り、私のほうが遅くまでご家族と遊んでいることもしばしばです。

長い休みがとれた時は、泊まりがけで車で旅行にも出かけます。もちろんワンちゃんたちを連れていきますから、必ずペット同伴で泊まれる宿を選んでいます。

旅先でかみさんを家事から解放してのんびりさせてあげるのと、ワンちゃんたちを自然がいっぱいの公園などで遊ばせてあげるのが目的の家族サービスですから、とくに観光などはしません。遅めに起きて、朝昼一緒の食事をとって、二匹を散歩に連れていったら、あとは……、無罪放免。

パチンコをしに行くだけですね。

だから行く先々で馴染《なじ》みのパチンコ屋さんがありますよ。「今度はいつまでいらっしゃるのですか？」なんて店員さんに聞かれたりします。唯一ないのは箱根《はこね》くらいかなぁ。あればいいのになぁ。

終わりに

歌舞伎役者は六十歳を過ぎてようやく成人。

そう信じて舞台に上がってきましたが、いざ六十歳を過ぎると、何が成人なんだか、よくわからないままに、今日まで来ました。

気がつけば、歌舞伎界でも、上から数えて五番目くらいの年齢になってしまいました。

そうなると叱ってくれる人や意見を言ってくれる人もなかなか少なくなって、演じていて、ふと不安になることがあります。

数年前までは、（七代目中村）芝翫のお兄さんもご健在でしたから、私によく注意してくれたものです。

芝翫のお兄さんは、若い頃に私の親父に面倒を見てもらっていたそうで、その恩返しをしたいと思ってくださっていたようです。

親父のほうも、若い頃の私のことを、ある程度、お兄さんにまかせていたのだと思います。

ですから、「お父さんは、欣也ちゃんが悪いことをすると、欣也ちゃんを叱らず私を叱るんだよ」と、よく懐かしそうに愚痴をこぼされていました。私はどれほど悪いことをしてきたかわかりませんから、お兄さんも、さぞお困りになったでしょう。申し訳ないことをしたものです。

私が年をとってからも、「少しは休みなさい。仕事が増えすぎたら、断るんですよ」と、ご自分のことのように、いや、ご自分のこと以上に、心配してくださいました。やるべき仕事をちゃんと選び、一つひとつをしっかりと仕上げなさい、という意味もあったのかもしれません。

お兄さんの奥様もまた優しい方です。実はこの方は、私が神楽坂に住んでいた時分、ご近所に住んでいらしたので、昔から存じ上げておりまして、どういう経緯があったのかはわかりませんが、のちにお兄さんとご結婚なされた時は、たいへん驚いたものです。「欣也ちゃんはお目々がくりくりして、そりゃあ可愛かったのよ。紙芝居の親分だったのよ」などと、私の子どもの頃の話や、私の両親や姉の話などを、かみさんに話してくださいます。他には誰も教えてくださる方はいないので、かみさんはとてもありがたいと喜んでおります。

この間、橋之助《はしのすけ》（現芝翫）さんとお食事をした時に聞いた話なんですけどね。

ずいぶん前に芝居を見終わったお姉さんとタクシーで帰る途中、お姉さんが突然泣き出されたそうです。「欣也ちゃんが立派な役者になった」と。いつも私の拙《つたな》さにハラハラされていたのでしょう。そんなふうに私のことを弟のように思ってくださっているお姉さんに、今でも頭が上がりませんよ。

外の世界の方には、わかりにくいかもしれませんが、歌舞伎の世界は一つの大きな家族のようなもので、互いに心配し支え合いながら興行を続けております。

そのなかでも、芝翫のお兄さんとお姉さんは、私にとって本当の身内のような特別に大事なお二人です。

お父様にもお世話になった（十八代目中村）勘三郎さんや、子どもの頃から一緒に舞台に立っていた（十二代目市川）團十郎さんが、相次いでお亡くなりになったのも、寂しいことです。勘三郎さんは、本当に骨の髄から芝居が好きな方で、毎日、飛び回るように仕事をされていましたね。仕事をする時も、遊ぶ時も、いつも真剣で一所懸命です。あんなに早くにお亡くなりになるなんて、無意識にご自分の運命を感じとられていたのではないか、と悔しく思わずにはいられません。

團十郎さんは、同じ市川の家なので、私のことも気にかけてくださいました。團十郎という名跡は、ご存じのように歌舞伎界の中心、市川宗家の継承者になることを意味します。これを継ぐことの重みは、計り知れないものがあったでしょう。直接悩みをこぼされることなどありませんが、その重責は、容易に想像がつきます。

皆さんは團十郎の家に生まれた者が、当たり前のように次の團十郎になると思っているかもしれません。実際は、周りの人々に芸が認められないと襲名できないんです。

團十郎さんは、早くにお父さんを亡くしていますから、芸を磨くのも、並大抵でない努力をご自分でされなければならなかった。（二代目尾上）松緑のおじさんなどに、よく芸を教わっていましたが、團十郎と認められるには、結局はご自分が辛抱強く精進するしかありませんでした。

ここ最近、お二人それぞれの思い出を聞かれることもありますが、今はまだ、これ以上詳しいことは、あまりに寂しく、また、仕事以外でも一緒に遊んだ思い出が多すぎてお話ししたくないですね。

初めにも申しましたが、今の歌舞伎界は、若くて才能のある役者さんが次々と現れて活況を呈しています。

歌舞伎座も連日大入りで、立ち見まで出る賑わいが続いています。

そんななか、いい加減に生きてきた私が、毎月のように舞台に出させていただき、役者を続けていられるのは、本当にありがたいことだと思いますね。

叱っていただいた、おじさんやお兄さん、お引き立ていただいたお客様、二人の親父と二人のおふくろ、役者仲間、大道具、床山さんをはじめ、舞台に関わるすべての方々、そして今の私を支えてくれている、かみさんと二匹のリンちゃんたちのおかげと感謝しています。

本当に、歌舞伎界すべてで育てていただいたと、肝《きも》に銘じております。

私たち歌舞伎役者の評価は、死んでから決まることがあるとも言われています。

自分が死んだ後に、「左團次は、三代目までよかったけど、四代目はひどかったね」なんて言われるのだけは、なんとしても避けたいものです。

といっても、今さら、無理なことができるはずもない。結局は、自分のできることをひとつひとつ積み上げていくしかないんでしょう。

今までだって、そうやって生きてきたんですから。


初出＝電子書籍「いい加減、人生録　市川左團次」二〇一四年八月一日／小学館eBooks

二、在りし日を偲んで

とにかく真面目ない男

尾上菊五郎

なんたって、七十五年ぐらいの付き合いですからね。寂しいですよ。昨年のお正月に一緒に出た舞台（『遠山桜天保日記《とおやまざくらてんぽうにっき》』令和五年国立劇場）が最後になってしまって。こんなに急に逝《い》ってしまうとは思っていませんでした。報せを聞いて会いに行き、奥様の千絵さんといろいろな思い出話をしました。麻雀《マージャン》やパチンコが好きだったから、すぐあの世に行かないで、まだその辺のパチンコ屋さんにいるんじゃないか、とかね。千絵さんとの出会いも、僕がまさにキューピッドだったんです。

小さい時からお稽古《けいこ》ごとも一緒、遊びも一緒、何でも一緒でした。僕らは名子役じゃなくて駄子役だったから、小学生の頃はお稽古よりも、その後の遊びのほうが楽しいわけです。上野の不忍池《しのばずのいけ》へボートに乗りに行ったりもしましたね。

野球もよく一緒にやりました。僕の打順は一番か三番で、左團次さんはだいたい五番か六番。

プロ野球に憧《あこが》れていたみたいですが、そんなに上手《うま》くはなかったですよ。今の少年野球のほうがよっぽど上手い（笑）。試合に負けても、彼は全然悔しがらないんです。一度、肝心な場面で三球連続見逃しの三振をしてね。一度もバットを振らずにベンチへ戻ってきた彼に、（十七代目市村）羽左衛門《うざえもん》のおじさんが「おめぇ、野球やるんだったら、一回ぐらいバット振ってこいよ」と言ったら、「へへへ、すみません」って。どうやら自分の好きなボールじゃなかったらしいんだけど、そういう感じの野球ですよ。

大人になってからはゴルフ。僕のゴルフ会に友達を誘ってきてくれたり、僕も彼の会に友達を連れていったり。ゴルフも野球と同じ。悔しがらない。上手くなろうなんていう感じは全然なくて、適当なゴルフ。

でもね、彼は、本当はすごく真面目なんだよ。すごくシャイで、すごく真面目。役者としては珍しく、人を押しのけるってことは絶対にしない。それは舞台でもプライベートでもそうでした。

一時期、中学校の終わりぐらいだったかな、ちょっとグレちゃったことがあってね。ずっと（三代目）左團次さんの子どもだと思っていたのに、違うことがわかって。でも、（十一代目市川）團十郎《だんじゅうろう》襲名披露興行のあたりから、ガラッと変わった。その頃、（二代目尾上）松緑《しょうろく》のおじさんと辰之助《たつのすけ》（三代目松緑）たちと一緒に食事をしている時に、おじさんが「おい、欣也、お前に左團次型の『毛抜《けぬき》』を教えてやるから、やれよ」と。「ありがとうございます」と彼は言って。それからかな、グレていたのが直っていった感じがしました。

舞台での思い出はいっぱいありますよ。『弁天小僧《べんてんこぞう》』の南郷力丸《なんごうりきまる》も何回もやってくれたし、『身《み》替座禅《がわりざぜん》』の奥方もよくやってくれました。コロナ禍で舞台の休演が続いた後の最初の舞台が

『魚屋宗五郎』で浦戸十左衛門に出てくれて、翌月が彼との『身替座禅』でしたね。奥方はいろいろなやり方がありますけれど、左團次さんは最初から恐妻家で押すほうでした。南郷力丸は、それはもう真面目にやってらした。花道の引っ込みでも、僕がちょっとおかしなことをアドリブで言うと、全然受け答えができなくなっちゃうんだよね、真面目で。「どうしよう」なんて言ったりするんですよ（笑）。彼のアドリブは、一所懸命考えてきたものなんですよ。

それから、何と言っても『髪結新三《かみゆいしんざ》』の大家さん。本当に良かった。あの大家さんはせりふも多くて、すごく大変な役なんです。それをしっかり覚えて、ふざけるなんてことは全くしない。金に汚い大家さんにちゃんとなる。「一枚、二枚、三枚……、鰹《かつお》は半分」っていうのを真面目にやる。だから、新三が心底いらいらしてくる。本当にいい大家さんだった。左團次さんがいないと、もうやる気にならないですね。

初めて巡業公演に行ったのも一緒でした。（三代目）左團次のおじさんや父（七代目尾上梅幸《ばいこう》）が元気な頃で、僕たちはそれほどの役ではなかったから、二人で遊びまくった思い出もあります。巡業先に着くとすぐ街へ出て、芸者さんを呼んでもらえるお店探して、「今晩二人で来ますから、お願いします」なんて言って。でも、彼はお酒を飲まないから、全部覚えてるんだよ。それには困った（笑）。

旅館の蒲団《ふとん》部屋で一夜を過ごしたこともありました。浜松から岡山に向かう巡業で、僕らは汽車だったのですが、大道具や小道具を運ぶトラックが渋滞に巻き込まれて、開演時間がだいぶ遅れてね。深夜になった終演後、僕ら二人はトランクを担いで宿へ。立派な旅館でした。「丑之助《うしのすけ》です、男寅《おとら》です」と入ったら、「どうぞこちらへ」と蒲団部屋に通されて。その後、弟子たちが

「若旦那方が来ていると思うのですが」と言っても「いえ、そんな人来ていません」。二人とも弟子と間違えられたようで。でも、僕らはもう疲れ果ててそこで寝てしまっていた。夏の九州巡業では一度、左團次さんが下着を忘れてきたことがあって。「一枚洗っちゃって、もうないんだ」って、革のベルトに手拭《てぬぐい》をつけて、それをまたいで褌《ふんどし》にしていて。上に浴衣でも掛ければいいのに、そのままの姿でふらふらしているから、もう笑っちゃったよ。最近では（尾上）眞秀《まほろ》と楽屋でパンツの見せ合いっこしていたそうだけれど、それは緊張をほぐしてくれていたんですよね。そういう優しいところがあるんです。

昨年の六月は『夕顔棚《ゆうがおだな》』でまたご一緒できるのを楽しみにしていました。本当にいい田舎のじいさんでね。これも真面目に、振付通りにちゃんと踊られる。僕なんか、ちょっと崩したほうがいいんじゃないかと思って、おばあさんらしく、いい加減に踊っちゃうところもあるんだけれど、全く崩さない。それが彼の芸風。とにかく真面目にきちんとやる。これも、彼のおじいさんじゃないと、できないですね。

左團次さんは、本当に真面目に芸に取り組んでいらした。しっかり勉強していた。もちろん、ふざけたりすることもあったけれど、ちっとも彼の著書にあるような「いい加減」じゃないんだよ。真面目で不器用で、几帳面《きちょうめん》。若い時は気がつかなかったけれど、三十、四十になって、あぁこの人は真面目なんだなとわかった。そして、僕も不器用だけれど、それに輪をかけて不器用なんだなと。彼ほど真面目な人はいない、そう思います。

今も、左團次さんの夢を見たりしますよ。弁天小僧と南郷力丸で、二人とも小道具が見つからなくて、楽屋をうろうろ一緒に探していたりとか、ぎょろっとした目玉で「まだ全然せりふ覚えてないんだよ」って笑っているから、「ええ！」と驚いたりとか。しばらくして、あっ夢だと我に返る。なぜか素顔ではなくて、南郷のことをよく思い出しますね。左團次さんには、本当にいろいろな相手役をやっていただきました。ありがとうございました、と伝えたい。芸風に全く嫌味がなく、気持ちがいい。役者としても人間としても、いい男です。

『髪結新三』菊五郎の髪結新三、左團次の家主長兵衛（令和元年11月歌舞伎座）©松竹（株）

『弁天娘女男白浪（べんてんむすめめおのしらなみ）』左團次の南郷力丸、菊五郎の弁天小僧菊之助（平成30年5月歌舞伎座）©松竹（株）

『夕顔棚』菊五郎の婆、左團次の爺（令和3年6月歌舞伎座）©松竹（株）

みんなから愛された、素敵な変人

片岡仁左衛門

いろいろな楽しい思い出、いろいろな面白い話、たくさんあるんですがね、公の場で話せるようなことはあまりなくて（笑）。何をお話ししていいのか、困りますね。

でもこれだけは、はっきりと言えます。あんなに人から愛された人はいない。友人、役者仲間、先輩後輩、裏方さんたち、楽屋内全員、それにお客様、とにかく大勢の人に愛されていましたね。欣也さんがいないところでも、彼の話で盛り上がって、みんなが笑顔になるんですからね。

彼はお酒が飲めないのに、よく一緒に飲みにも行きました。また、そういう場でも彼はモテるんです。女性に話しかけられても、わざと仏頂面で愛想なくボッツリ〳〵と話す。一見強面《こわもて》なのに、実は優しいから、いつの間にかモテている。その様子が目に浮かぶでしょ。

麻雀も明け方近くまでよくやりました。巡業でも行く先々で麻雀屋さんを探したりして。私の家でやることも多かったです。若い頃は合間の食事の時に私がサラダをたくさん食べていると、まで」という鳥の餌《えさ》みたいなものを食いやがって」と言っていましたが、心臓を患ってからは打って変わって、大きなタッパーに生野菜をぎっしり詰めて持参して来ていましたよ。それでも明け方までというのは変わらずでしたが。でも、意外と自分の体を大事にしていました。

舞台でもいろいろと逸話があります。ある時、演出助手さんに「左團次さん、あそこちょっと早すぎますから、三つ数えてから出てください」と言われて、「はい、わかりました」とおとなしく頷《うなず》いて、明くる日、出の時に「いーち、にーい、さーん！」と大きな声で言ってから出ていったり。何をするかわからないところもありました。ただ、自分の意見を通そうとするようなことはなく、でも、思い通りにはする（笑）。舞台では毎日いろいろなことが起こりますが、慌てたりするようなこともなく、何があっても俯瞰《ふかん》して見ることのできる人でした。

巡業公演もよく一緒に行きました。公演中に一度、欣也さんが体調を崩してしまったことがあってね。『梶原平三誉石切《かじわらへいぞうほまれのいしきり》』で、僕が梶原平三景時《かげとき》、彼が大庭三郎景親《おおばさぶろうかげちか》でした。楽屋入りの時にかなり辛《つら》そうにしていたので、こちらは真面目に「熱あるの？」と聞いても、高熱なのに「熱がなかったら、死んじゃうよ」なんて言う人ですからね（笑）。長い芝居ですから共演者みんなが心配して、言い合わせたわけではないのに全員が芝居の息を詰めて、テンポよく進んだ。決して急ぐんじゃなくて、芝居の密度がどんどん高くなっていく。欣也さんも体調が悪くても絶対に手抜きはしない。結局、いつもより上演時間が五分くらい短くなったんです。短いことがいいわけではないですが、あの時の芝居の密度、みんなの気持ちが一つになっていく感じを今でもよく覚えています。

舞台では、本当にたくさんの役で支えてもらいました。挙げたらきりがない。『御所五郎蔵《ごしょのごろぞう》』

の五郎蔵と土右衛門《どえもん》、「渡海屋《とかいや》・大物浦《だいもつのうら》」（『義経千本桜《よしつねせんぼんざくら》』）の知盛《とももり》と弁慶《べんけい》、『盛綱陣屋《もりつなじんや》』の佐々木盛綱と和田兵衛《わだびょうえ》、北条時政《ほうじょうときまさ》、「引窓《ひきまど》」（『双蝶々曲輪日記《ふたつちょうちょうくるわにっき》』）の南与兵衛《なんよへえ》と濡髪長五郎《ぬれがみちょうごろう》、『身替座禅』の山蔭右京《やまかげうきょう》では、奥方玉《たま》の井《い》もずいぶん演《や》ってもらいました。

彼の蝙蝠安《こうもりやす》（『与話情浮名横櫛《よわなさけうきなのよこぐし》』）も好きだったなぁ。「すし屋」（『義経千本桜』）の弥左衛門《やざえもん》も、とっても素敵でした。京都の顔見世でやった時（平成三十年十二月南座）は、いがみの権《ごん》太《た》と弥左衛門として、本当に親子になれた感じがしました。もう一緒に舞台に立てないなんてね。

一昨年（令和四年）十一月の歌舞伎座（十三代目市川團十郎白猿襲名披露興行）では、毎日のように欣也さんの楽屋でしゃべっていたんです。私が『助六《すけろく》』でくわんぺら門兵衛《もんべえ》を勤めていて、翌月は欣也さんがくわんぺら門兵衛で。「孝夫ちゃん（仁左衛門本名）、えらいねぇ。下駄を履いて。僕はもう草履にしようと思うんだ」なんて言って、その月はいつもの調子に見えていたけれど、今思うと、あの時すでに肉体的に相当弱っていたんだと思います。

隣に並んだ『口上《こうじょう》』では、僕が時々、自分の役名を忘れてしまって、彼に教えてもらったなんていう日もありました。『口上』でも「市川左團次でございます」と言っただけで、お客様がわーっと沸くんですよね。心からの待ってました！というような、熱い拍手。人気者です。

その後に会ったのが、昨年三月末の歌舞伎座。四月大歌舞伎の『与話情浮名横櫛』の舞台稽古でした。僕が与三郎《よさぶろう》で、欣也さんが和泉屋多左衛門《いずみやたざえもん》。僕は時々、彼のことをお父さんって呼んでいたんですが、稽古の時とっても辛そうだったので「お父さん、大丈夫？」と聞いたら、「大丈夫」と。明くる日の初日通りの通し稽古では衣裳もつけます。前の晩に心配で、「大丈夫？　無理せんといてよ」と電話をしたら、「大丈夫」と。明くる日の、初日通りの舞台稽古では立ち座りも自力では厳しい状況だったので、稽古が終わったら、衣裳のまま私の楽屋までわざわざ挨拶に来てくれて。普段、彼は役が終わってから挨拶に来るような人ではないのに。そういう付き合いの仲ではないから。なのに、車椅子で挨拶に来てくれて、「ごめんね」と。舞台に立ったのは、あの日が最後になってしまいました。

十五日に彼が亡くなってからも、楽屋はそのままだったんです。暖簾《のれん》も鏡台もそのまま。千穐《せん》楽《しゅうらく》に、「彼の楽屋に遊びに行くこともなくなるんだ」と思い、暖簾をくぐりました。鏡台前に座っていたら、もういろいろ思い出してしまってね。しばらくして、ふと、千穐楽に出る當祝《あたりいわい》が彼に届いていないことに気がついて、頭取さんに言って出してもらいました。本来、彼は出ていたはずの舞台ですから。欣也さんはとにかく「もう一度ちゃんと舞台に出たい」とそればかりだったから、本当は無理をしてでも出たかったんじゃないかな。

彼は、楽屋が好きでね。とにかく早くから来て、舞台が終わってからもなかなか帰らなかった。だいたい裸でパンツ一枚で寝そべってテレビを見てたり、トランプをしていたり。トランプもいかがわしい柄でね。正々堂々と真面目な顔で、いろいろとおかしなことを言ったり、したりしていましたね。欣也さんの場合、何をしても許される。なんというか〝素敵な変人〟やね（笑）。

僕にとって、欣也さんと哲《のり》（十八代目中村勘三郎《かんざぶろう》）はやっぱり特別な人です。二人とも熱い人。哲なんて見るからに熱そうですが、欣也さんは一見冷めて見えるんですよね。でも実は、すごく熱い。僕が大病をして一年の休演を経て復帰した時（平成六年一月歌舞伎座）、初日の夜、家のドアホンが鳴ったので開けたら、家の前で彼が花束を抱えて立っていてくれた。大雑把にも見えますが、人に気を配る、非常に繊細な人でもある。それは、愛されますよね。本当に、もっともっと居てほしかったです。

『曽我綉侠御所染（そがもようたてしのごしょぞめ）御所五郎蔵』仁左衛門の御所五郎蔵、左團次の星影土右衛門（平成29年6月歌舞伎座）©松竹（株）

『与話情浮名横櫛』仁左衛門の切られ与三郎、左團次の蝙蝠安（平成17年4月歌舞伎座）©松竹（株）

『義経千本桜』「すし屋」左團次の鮓屋弥左衛門、仁左衛門のいがみの権太（平成30年12月南座）©井川由香

三、父、祖父、そして師への追慕

親父さん、ありがとう

市川男女蔵

「見て学べ」。あらゆることにおいて、それが親父の教育方針だったと思います。舞台でも、プライベートでも。子どもの頃はその放任主義に寂しさを感じることもありましたし、正直に言えば、寂しさというより、何で！という気持ちをもったこともあります。

男女蔵襲名の際も、父に相談すると「私はいっさい手伝いませんよ。自分でできるんだったら、やりなさい」。まさかの答えにびっくりしたのですが、父の暁星《ぎょうせい》時代の友人の方たちがいろいろと後援してくださいました。よく考えたら、親父が裏で頼んでくれていたんですよね。なぜ、歌舞伎の先輩方が僕に教えてくださるのか——大人になって気がつくことが多かったです。親獅子《おやじし》が仔《こ》獅子を崖《がけ》から落として這《は》い上がってきた仔だけを育てるという故事がありますが、親父は崖の下でもがいている僕をずっと見守り続けてくれたのではないかと。もしかしたら今も、「何やってるんだ」とか言いながら上から見てくれているのかも、と思ったりもします。

そんな親父に一度だけ叱《しか》られたことがありました。やんちゃをしていた中学生の時、刑事ドラマに憧《あこが》れて、煙草《たばこ》に手を出してしまいまして。その時に「煙草を吸うなとは言わない、ただ人に迷惑をかけるんじゃねぇ。自分のやることに責任をもて」と。そして「嘘《うそ》はつくな」。中学生とはいえ、子ども扱いをしない人でした。学生時代、必要なものは買ってもらっていましたが、それ以上のものは「自分で働いて買いなさい」。ですから、新聞配達をしていましたよ。
子役の時は歌舞伎によく出させていただいていましたが、中学からは学業中心の生活になり、高校を卒業した後、友人と広告関係の印刷会社を立ち上げました。しばらくして、親父から歌舞伎座の隣の文明堂に呼び出されたんです。親父は食事中は話さないので、二人で無言でご飯を食べ、食べ終わると「歌舞伎役者よりいい職はねぇってみんな言うんだよ」と、ぼそぼそっと。僕は「いや、自分の会社があるので」と答える。世間話などは全くせず、そのやりとりの後は解散。すると、翌月また文明堂に呼び出される。ご飯を食べ終わると「歌舞伎役者っていいらしいぞ、俺の友達も言ってたぞ」。翌月また呼び出される。四回目の時に、親父がそこまで言うならと、役者の道へ進む決心をしました。子として親父の言うことを受け入れたいと素直に思ったんです。僕の推測ですが、さらっと「そうですか」と言っていた親父も、僕が役者の道を選んだことより、息子が親の言うことを聞いてくれたことに喜んでいた気がしました。

　親父が食事中に話さないのには理由がありまして。祖父（三代目左團次）の付人さんから聞いたのですが、親父は祖父に「欣也、お箸《はし》を置いて聞きなさい」とよく言われていたそうなんです。だから、目上の人が話す時には食事の手を止めないといけない。子どもの頃はなぜ無言？と思っていましたが、実は僕に気を遣っていた。そういう優しさが隠れているんですよね。

　親父にはまず「聴講生になりなさい」と言われましたので、国立劇場養成所に通いながら、親父の後見をしたり、楽屋で化粧の仕方を学んだりという役者生活が始まりました。親父は手取り足取り教えるなんてことはしませんから、とにかく親父のしていることを「見る」。私には「一緒に出てるんだから、見とけよ」としか言わない父も、後輩たちには丁寧に教えていました。同じ楽屋で教えていることが多かったので、そういう時は聞き逃さないよう耳をそばだてていました。

『毛抜《けぬき》』の粂寺弾正《くめでらだんじょう》を初役で勤めた際は、父に見てもらえたんです。でも、「俺が教えているところを見てただろ」、「やってみてください、若旦那」とか言って、一通り終わると、「まぁ、そんなもんでしょうねぇ」。その時は麻雀《マージャン》仲間の（初代澤村）大蔵《だいぞう》さんが「一回くらい見に行ってあげたほうがいいですよ」と言ってくださり、「大ちゃんが言うんだったら、行くかぁ」と。終演後は、笑顔を見せていたそうです。今思うと、初役の僕にこまかいことを言ったらよけい委縮してしまうと考えたんじゃないでしょうか。他の役でもそうでしたが、上演中に注意することはなく、千穐楽《せんしゅうらく》に「今度やる時はもっとこうしたほうがいいよ」と言うんです。いやいや、もっと早く言ってくれと思っていましたが、舞台に立つ時は考えすぎるな、という意図だったのではないかなと。

ゴルフと舞台を一緒にしたらいけませんが、ゴルフにも人間性が出ますよね。親父は一回素振りをすると、すぐ打つ。ごちゃごちゃ考えずに、打つ。思い切りがすごくいいんです。そして、スコアが悪いことよりも、遅くなって人に迷惑をかけることが嫌。

当たり前ですが、舞台を休演することも特に嫌がる人でした。僕が交通事故に遭った時も「お前、舞台だけは穴開けるんじゃねぇぞ」と電話で。顔が倍くらい腫《は》れていて、お客様もびっくりするほどだったのですが、なんとか舞台に出ました。終演後には、怪我の様子を聞いた親父から、「あんまり痛いんだったら出るなよ」と電話がありましたが（笑）。でも、役者は舞台に出てこそ、というのが親父の信念でした。一昨年（令和四年）の『助六《すけろく》』でくわんぺら門兵衛《もんべえ》を勤めた時も、本当は辛《つら》かったと思います。足腰は弱っていましたが、男気、根性、任俠《にんきょう》と言いますか、（十三代目市川）團十郎さんの襲名の舞台は絶対に勤め通すという気迫がすごかった。カッコ悪い姿でも、舞台に出るという信念を貫く、その生き様がカッコよかったです。

『助六』の意休も『毛抜』の弾正も『神霊矢口渡《しんれいやぐちのわたし》』の頓兵衛《とんべえ》も『俊寛《しゅんかん》』の瀬尾《せのお》も、僕が言うのもおかしいですが、上手《うま》い下手《へた》ではなく、親父ならではのカッコよさがあったと思います。それは親父の人間の魅力につながるのではないかと。男くささ、品、大きさ、愛嬌。俳優祭とはいえ、舞台でシースルーのメイド服を着て許されるのは親父だけでしょう。「左團次さんだからね」と素敵に楽しく見せてしまう。人間味溢れる歌舞伎役者。僕もそういう役者を目指していきたいです。

父に最後に会ったのは昨年の三月末。ちょうど検査が終わった後で、特に悪い結果ではなかったのに、「医者にあと何か月しかもたないとか言われたら、俺にちゃんと言ってな」と言われて、「そんなことありませんよ」と肩をぽんぽんと叩いて別れました。その後、四月は休演することになりましたが、五月のための鬘《かつら》合わせをする予定で、亡くなる三日前には床山《とこやま》さんに「よろしくな」と電話していたそうです。

昨年の南座で『助六』の意休を勤めさせていただいた時、親父の「見とけよ」という言葉に含まれた愛情を強く感じました。舞台上ではもちろん、引っ込んだ後は照明室からも毎日見ていましたので、親父の意休は目に耳に強く残っている。「カッコつけたってできねぇんだから、小細工するなよ」という言葉も。「おまえ、俺を見てたんだろ、ちゃんとやってこいよ」と声が聞こえるようでした。どれだけ見守ってくれていたのか、どれだけカッコいい背中を見せてくれていたのか。あの親父の息子でよかった、そう思います。

高島屋一門の長としての祖父

市川男寅

祖父が亡くなった時、明治座に出演中でした。初代左團次が座元であった所縁《ゆかり》ある劇場の百五十周年記念の公演で、祖父も父も一座していなかったので、左團次家代表という気概と緊張感を持って舞台に立っていたところに訃報《ふほう》が届き、愕然《がくぜん》としました。病気のことも詳しくは知らされておらず、悲しみというより驚きが大きかったです。

確かに、その前年の十二月の『助六』でくわんぺら門兵衛を勤めていた祖父を見て、足腰がかなり辛そうだったので心配はしていました。それでも弱音はいっさい吐かず、舞台に穴を開けないという強い信念を貫いている姿は忘れられません。役者魂を感じました。

祖父と僕は、いわゆるおじいちゃんと孫という関係ではありませんでした。どちらかというと先代の左升《さしょう》さんが僕にとってのおじいちゃんで、祖父は一門の長という存在です。楽屋以外で二人で会ったのは人生で一度きりです。

場所は、歌舞伎座裏のドトールコーヒー。高校生の時に大学へ進みたいと思ったのですが、当時は大学に通う歌舞伎役者の方が少なくて、祖父に相談したんです。根っからの役者である祖父にも反対されると思っていました。でも「大学に行きたいと考えているのですが」と言うと、「友達は何よりも大事だからな。一人でも多くいたほうがいいよ」と。祖父は暁星時代の友人をとても大切にしていましたし、「市川左團次」としてではなく「荒川欣也」に戻る場所があったことは大きかったのかなと思います。僕も多くの友人たちに恵まれ、支えられているので、あの時肯定してくれた祖父に感謝しています。

祖父の言葉ではもう一つ「習うより慣れろ」が胸に残っています。壁にぶち当たろうが、舞台に立ち続けること、経験を積み重ねることが大切なのだということではないでしょうか。

左團次家は違うお家の先輩へ習いに行きなさいという方針ですので、祖父に直接教わったことはありません。それでも、先輩方が教えてくださるのは、祖父がお願いしてくれていたからですし、お弟子さんたちからは「旦那がこう言っていましたよ」と教えられることもありました。

僕が言うのも変ですが、祖父の『毛抜』の粂寺弾正や『熊谷陣屋《くまがいじんや》』の弥陀六《みだろく》が大好きでした。祖父が最後に演じた弾正（平成三十年十一月南座）は、錦の前《にしきのまえ》として舞台でその背中を見ていました。大きく立派で、でも可愛《かわい》らしくて。口説くところなどは普段からやっているように自然で（笑）。弥陀六も四天王として後ろからずっと見ていたのですが、人生の紆余曲折《うよきょくせつ》を経て全てを達観しているような弥陀六。祖父が歩んできた人生にも思いが重なり、その偉大さを改めて感じました。

僕は結局、祖父の本心に一度も触れることができなかった気がしています。家族に対してはすごく不器用でしたから。ですが、周りの方々には本当に愛されていました。その人徳が僕を今も守ってくれているのだと思っています。一門の長として、祖父として、僕の誇りです。でも今、市川左團次という責任から解放された祖父が、上の世界で何をしているんだろうと、よく考えるんです。やっぱり役者をしているのかなぁ、と。

何事も自分次第

市川左升

旦那と初めて会った日のことは、よく覚えています。まだ晴海通り沿いにあった「喫茶you」の二階、窓側の席。入門のご挨拶をすると、パンチパーマの旦那が目も合わさず「へぇ、うちに入るの？」。僕も怖いものなしの二十代でしたので、お互い印象は悪かったと思います。もともとは歌舞伎俳優研修所に聴講生として来られていた男女蔵さんと親しくなったのがきっかけです。

入門した頃の旦那は四十代で、朝から晩まで芝居に出ていましたから、僕も一日中楽屋で身の回りのことをしながら舞台に出ていました。京大阪での公演は寝泊まりも同じ。夜は二人で無言で羊羹《ようかん》を食べながら任侠映画を見て、煙草を吸って、また任侠映画。踊りの稽古にもお供して、早く着くと喫茶店でお互い無言で煙草を吸う。周りの方は怖かったと思います。それだけ一緒にいても、会話はほとんどしませんでした。本当に何もおっしゃらない。旦那の様子を見て、察する。弟子の仕事はそういうものだと思っています。ただ、察して動いていたことが合っていたかはわかりません。いつか聞いてみようと思っていましたが、もう聞けなくなってしまいました。

入門して最初の舞台で、僕が思わず素になって笑ってしまったことがありました。旦那は人を笑わせるのが好きな方でしたが、自分の弟子が芝居の最中に素で笑うことはお嫌いだった。それから十日間くらいは機嫌が悪く、「おはようございます」と言っても、目も合わさず、口もきいてくれませんでした。もちろん、何か言われたわけではないので、怒っていると察しただけなのですが。でも、旦那は舞台で笑うことはいっさいしませんでした。

旦那は人にはあまり見せないようにしていましたが、超がつくほど几帳面でした。全く「いい加減」ではなく、本当にこまかい方です。それは衣裳の着方にしても、鏡台周りにしてもそうで、ミリ単位ではなくミクロン単位で綺麗にする方でした。足袋の縫い目から少しでも糸が出ていると気になる。僕がハサミをお渡しする、ご自分で切る、ハサミを受け取る。そこにもいっさいの会話はありません。芝居に関して大雑把なことはできない方でした。

僕が旦那に言われたことは二つだけです。一つは「真摯《しんし》に勤めなさい」。入門して初めての勉強会で『寺子屋《てらこや》』の武部源蔵《たけべげんぞう》を演じる際、旦那が見に来てくださり「上手《うま》くできるわけねぇんだから、腹から声出して、教わった通り真摯に勤めなさい」と。もう一つは「自分次第」ということ。それも最初の頃に言われました。「俺が何を言っても、結局は何事も自分で努力して、自分で積み上げていくしかないよ」と。それは旦那が身をもって体験してきたことなのだと思います。ですので、楽屋に入ったら歌舞伎に集中しようと思い、旦那の芝居は入門以来ずっと見てきました。挙げたらきりがないほど好きな役は沢山あります。僕が言うのはおこがましいですが、やはり敵役《かたき》が魅力的で、『仮名手本忠臣蔵《かなでほんちゅうしんぐら》』の薬師寺《やくしじ》なんて本当に憎たらしくて。『俊寛』の瀬尾もそうですし、砥《と》の粉《こ》の敵役は旦那ならではでした。普段は皆から「いい人」と言われているなんて露ほども感じさせない憎々しい、主役が引き立つ敵役だと思います。その他、『暫《しばらく》』の成田五郎《なりたごろう》なども好きでした。

働き盛りの旦那を知っていますから、舞台で辛そうな姿を見るのは、正直辛いこともありました。でも、どんな時も本当に弱音は吐きませんでした。たった一度だけ、初めて心臓手術をなさる時に、病室で「もう俺、ダメかもしれねぇ」と。弱音を聞いたのは、そのひと言のみです。

最後となった四月歌舞伎座の舞台稽古の時も、お一人では立ち上がれない状態でしたが、弱音はいっさい吐きませんでした。ご自身は出るつもりでいらしたと思います。でも休演となり、急遽《きゅう》《きょ》、(河原崎《かわらさき》)権十郎《ごんじゅうろう》さんに代わっていただくことになりましたので、お詫びに伺うと「いいんだよ。お兄さんのお役に立てるんだから、嬉しいよ」とおっしゃってくださって。

公演中に旦那がお亡くなりになった時は、突然すぎて気持ちの整理がつきませんでした。どこか現実感がなく、不思議な感覚でした。その月の楽屋は旦那がいたままにしておいたんです。千穐楽には仁左衛門さんが来てくださり、「お父さん、こんな感じで座ってたんかぁ」と、しばらく旦那の鏡台前に座られていました。そして、當祝《あたりいわい》がないことに気づかれると、頭取《とうどり》さんに言ってくださった。それが旦那の最後の當祝です。本当に皆さんに愛された旦那でした。それは俳優にかぎらず裏方さんたちにも。旦那の悪口を言う人はいないです、僕以外は(笑)。でも、若い頃から「左團次さんの弟子か」と皆さんが目をかけてくださり、「いい旦那だね」と言われ続けました。だから僕も、旦那が「おまえのところの弟子は柄が悪いな」と言われないように、それだけは人一倍気をつけてきました。今はその自分の柱がなくなり、虚無感のなかにいます。旦那がいて、僕がいる。そうやって三十五年やってきたので、自分次第の世界ですが、やはり旦那あっての僕だったんだなと。感謝の気持ちしかないです。語らずともご自身の行動でいろいろと教えてくださった。ここからブレずにいけるかどうかは「自分次第」。自分の体の中にずっと残っていく、旦那の教えです。

懐の大きい、最高の師匠

市川蔦之助

舞踊家の両親は十四代目守田勘弥《もりたかんや》さんの奥様、藤間勘紫恵《ふじまかんしえ》先生の内弟子でした。父は十六歳から十二年間。ですので、僕が高校を卒業する際に踊りの道へ進むのであれば歌舞伎を勉強したほうがいいと、内弟子時代から親しかった旦那にお願いし、舞踊家ではなく歌舞伎役者となった今の僕があります。

旦那は人見知りで、照れ屋な方なので、僕がいろいろとお話しできるようになったのは十年過ぎた頃でした。入門当初はほぼ話さず、僕も黙って仕事をするのみ。でも、何かあるとボソッと教えてくださるんです。例えば、楽屋で衣裳を包む風呂敷に少し足をかけてしまっていた時に「それ踏んでると衣裳さんに叱られるぞ」と。旦那に怒られたことは一度もないですし、声を荒げたところも見たことがありません。

ただ、衣裳についてはとても几帳面でした。帯の重なりが少しずれるのも嫌で、襦袢《じゅばん》も衿《えり》が浮かないようにピシッと引く。鎧《よろい》などの紐《ひも》でも綺麗に蝶々結びにして中心が合っていないと気になる。人に言うのではなく、自分で直すのですが。その旦那の着方を見てきたので、僕も衣裳を着る際は細部まで気をつけるようになりました。師弟関係というのは、そういうものなのかなと思います。言葉ではなくて、常に一緒にいて見ているからこそ、自然に伝授されていくような。特に高島屋はそういう一門だと感じています。

平成三十年の夏に旦那と二人で行ったウラジオストク公演は、貴重で大切な思い出です。歌舞伎初の海外公演を二代目左團次が旧ソ連で行ってから九十年。その記念の歌舞伎公演でした。公演の一環として歌舞伎講座もあり、旦那がいつもの調子で「僕は歌舞伎のことはよくわからないので、門弟の蔦之助が――」と挨拶して、僕がレクチャーをしました。旦那は最前列でにこにこ聞いてくださっていたそうで、その場にいた教授から「すごくいい師弟関係だと思った」とおっしゃっていただき、嬉しかったですね。

数年前には一度、ご家族の旅行に誘っていただいたことがありました。那須《なす》のロッジを何棟か借りていて一棟空いているからと。その一棟に旦那と二人で二泊三日。僕は観光に出かけたりしたのですが、旦那は一日じゅう任俠映画を見て、部屋のお風呂に入って。大浴場が嫌いで、部屋のお風呂に入浴剤を入れるのが好きだったんです。

とにかく懐の大きい師匠で、自由がモットーでした。尾上松也《まつや》さんの自主公演「挑む」に参加させていただいた時も、僕が自主公演「蔦之会」を立ち上げた時も、「さすがですね、ぼっちゃんは」とか「僕も使ってくださいよ」とか冗談めかしておっしゃるだけで、すぐ認めてくださる。だからこそ、僕は自由にいろいろと挑戦させていただくことができました。舞台姿も本当に大きくて、『助六』の意休はもちろんですが、『幡随長兵衛《ばんずいちょうべえ》』の唐犬権兵衛《とうけんごんべえ》は痺《しび》れるほど素敵でした。自分が目立って前へ出るようなことをいっさいしない方でしたから、その人柄と相俟《あいま》って、一歩引いたそういう役も似合い、「おめぇは死なせねぇ」というせりふが今も強く胸に残っています。

旦那は、舞台でもプライベートでも何もしない美学があったような気がします。もちろんそう見えるだけで、本当は沢山のことをなさっているのですが。十三代目團十郎白猿襲名披露公演の『口上《こうじょう》』で同じ舞台に並ばせていただいたことも、感慨深かったです。僕たちは通常は『口上』に列座する機会はありませんから、旦那の裃《かみしも》姿を同じ舞台の後ろから見られたことは嬉しかったです。ただ、あの時はもう旦那は足腰がお辛そうで、左升さんとも大丈夫かと心配していたのですが、裏方さん含め周りの方々がご協力くださり、無事に千穐楽を迎えられました。みんなに愛された人だからこそだと思います。

旦那と最後にお会いしたのは、父の四十九日でした。前年の大晦日《おおみそか》に亡くなり、葬儀は身内だけで行ったことを旦那にご報告したら、「四十九日はやるのか？　その時は連絡くれよ」と。旦那もあまり調子がよくないことはわかっていましたし、日程が決まって一応お電話したものの、二月半ばの寒い時期ですし来ていただかなくて大丈夫ですとお伝えしたのですが、「行くよ。あなたのお父さんと、あなたのことなんだから」と、当日は杖《つえ》を突きながら来てくださいました。旦那らしく、湿っぽい感じは全くなく、「中身見て、左團次はけちくせぇって思わねぇでくれよ」とお香典を。でも、誰よりも長く、父のお骨の前で手を合わせてくださっていました。最高の師匠に逢わせてくれた父に感謝していますし、歌舞伎役者としての僕を懐深く育ててくださった師匠に、本当に感謝しています。

「俺みたいにちゃらんぽらんにやっているから長年できてんだよ」なんて、うそぶいていた旦那ですが、芝居に対しての真摯な姿勢は弟子たちが一番近くで見てきました。「行儀よく」ということをすごく大事になさっていた。旦那が大切にしていた歌舞伎役者像をきちんと守って、これからも役者を続けていきたいと思っています。

最後の誕生日に撮った一枚の写真

市川左次郎

令和三年四月に入門しましたので、たった二年間でしたが、僕にとっては大切な、何ものにも代え難い時間です。初めて旦那にお会いしたのは、国立劇場の歌舞伎俳優研修所を修了する少し前。養成所の方とご挨拶に伺うと、緊張で固まっている僕に「そんな身構えずに」と言って、僕が研修発表会で演じた『引窓《ひきまど》』の濡髪長五郎《ぬれがみちょうごろう》のダメ出しをしてくださいました。

旦那はあまりお話しなさらない方でしたが、僕が話すと楽しく返してくださいました。ある日、「肉好きか？」と珍しく旦那から話しかけられて、「いきなり！ステーキ」について二人で盛り上がったんです。カジュアルなお店なので、旦那がお好きだということに驚きました。しばらくしてから、朝の楽屋で突然「今日、行くか？　親に晩御飯いらねぇからって伝えときな」と。二人でカウンター席の高い椅子に座り、黙々とお肉を食べたことは、忘れられない思い出です。

突然といえば、初めての後見も当日の朝に言われました。令和三年十一月の『寿曽我対面《ことぶきそがのたいめん》』で、「箱合引《はこあいびき》（正座をしやすいようにする小さい台）入れるから、頑張って」と。すごく緊張しましたが、旦那は「大丈夫」とひと言。後見では「ちまちま触るな」とよく言われました。少しずれたとしても、こまかいところは潔く諦める。上手くいかなくても決して怒らず「大丈夫、大丈夫」とおっしゃってくださるんです。だからこそ、次は絶対失敗しないようにと気合が入りました。

一度だけ叱られたことがあります。楽屋でお稲荷さんの差し入れを沢山いただき、旦那がそれを取り分けていて。三十個ほど一皿に盛って、もう一皿に二つ三つ置き始めた時に「持っていきなよ」と言われたので、三つのほうをいただけるのかと思って待っていたら、「日本語がわからねぇのか！」。慌てて三十個のお皿を持って立ち上がりました。本当にその時だけです。

旦那は舞台への情熱を周囲に見せるタイプではありませんが、一昨年の團十郎白猿襲名披露公演の時は体調が万全でないなか、命を懸けて舞台に立っていることがひしひしと伝わってきました。公演中の十一月十二日、旦那の誕生日に一門で写真を撮りたいと思ったんです。男寅さんにご相談したら「できるかなぁ？」と。高島屋一門は不思議な関係性で、あまり一門で集まったりしません。旦那と蔦之助さんは親子のような感じですが、左升さんは言葉は交わさずともわかり合えているような独特な関係。お二人は似ていると思います。写真を撮るために楽屋に集まった時も和気あいあいではなく、どこかギクシャクしていて(笑)。無言でばらばらと集まり、でも自然と自分の立ち位置に納まり、さーっと帰っていく。撮りたいと言ってよかったかなと気になっていましたが、旦那がお亡くなりになった後にお家へ伺ったら、その写真がリビングに飾られていました。旦那がいない悲しさのなか、それは嬉しかったです。一門のその写真は、僕にとって宝物です。

旦那は「やりたいようにやりなさい」「あまり考えすぎるな」とよく言ってくださいました。弟子をしていて一度も辛いと思ったことがないほど、優しい師匠でした。これからも、高島屋の一員として、旦那の名に恥じぬよう頑張りたいと思っています。旦那には僕の成長を見守っていただきたいですが、こちらを気にせず自由奔放にしているほうが旦那らしいですよね。上の世界に行っても、旦那は旦那のままでいてほしいです。そのお姿が大好きでしたので。

言葉少ない旦那の言葉

付人 大﨑貴子

旦那の付人として二十年。その間、お弟子さんにも私にも多くを語ることはありませんでした。全員が察し合って、一人ひとりが自分の仕事をする。言葉を交わさなくても、わかり合っているような関係性。それは、旦那が一門を大きい心で守ってくださっていたからです。旦那の日々の立ち居振る舞いをそばで見て、こういう人になりたいと思ってきました。言葉は本当に少ない方でしたが、そのなかで旦那らしい言葉を振り返ってみたいと思います。

「悪いね」

楽屋で何か頼まれ事がある時は、絶対に命令口調でおっしゃりませんでした。最初に「悪いね」がつく。「悪いね、手があいたらアレ買ってきてくれる?」。誰に対してもえらぶらず、私たち裏方にも仕事がしやすいようにいつも気を配ってくださいました。

「今日は本当にお休みでいいんでしょうか」

休演日の朝、必ずお電話がありました。その前日に明日は休演日です、とお伝えして楽屋から送り出すのですが……。はい、本当に休演日ですとお答えすると、「お休みのところ、すみませんでした」と電話が切れる。そういう心配性なところもありました。お休みの月には、「元気ですか?」と電話をくださる。それは優しさですね。

「楽屋は楽しくていいんだ」

旦那が怒鳴ったところを一度も聞いたことがありません。機嫌が悪くてピリピリしているような雰囲気も見せなかったです。だからでしょうか、なぜか楽屋には人が集まってきました。旦那が大好きなサスペンスドラマを見ている横で、若手の方が集まってわいわいしていることも。旦那は一人が好きなのに、寂しがり屋で。賑やかな楽屋が好きでした。

「いいよ、自分で持つから」

普段はカバンを持たず全てポケットに入れていましたが、踊りの仕事などで稽古着などを持っていく時に、持ちますと言うと、「俺の荷物だから」。自分のことは自分でおやりになると言いますか、気を遣ってくださるんです。

「役者っていうのは見られる商売」

楽屋入りの時は夏場でも必ず襟付きのシャツにジャケットでした。おしゃれで綺麗好き、靴も楽屋でよく磨いていました。

「開いた幕は必ず下りる」

せりふがなかなか覚えられない時などに、開き直るようにおっしゃることもありましたし、後輩の方に対しては、旦那なりのエールが込められていたのではないかと思います。

旦那と直接お話しした最後の言葉は「じゃあね」。楽屋を出る時はいつもそうおっしゃるのですが、昨年の四月一日も変わらずそうでした。お辛い様子は人に見せない。役者としての矜持《きょうじ》を感じました。旦那は時折「いてくれてよかった」とおっしゃってくださいましたが、私こそです。旦那だったからこそ、続けてこられたと思っています。

座右の銘

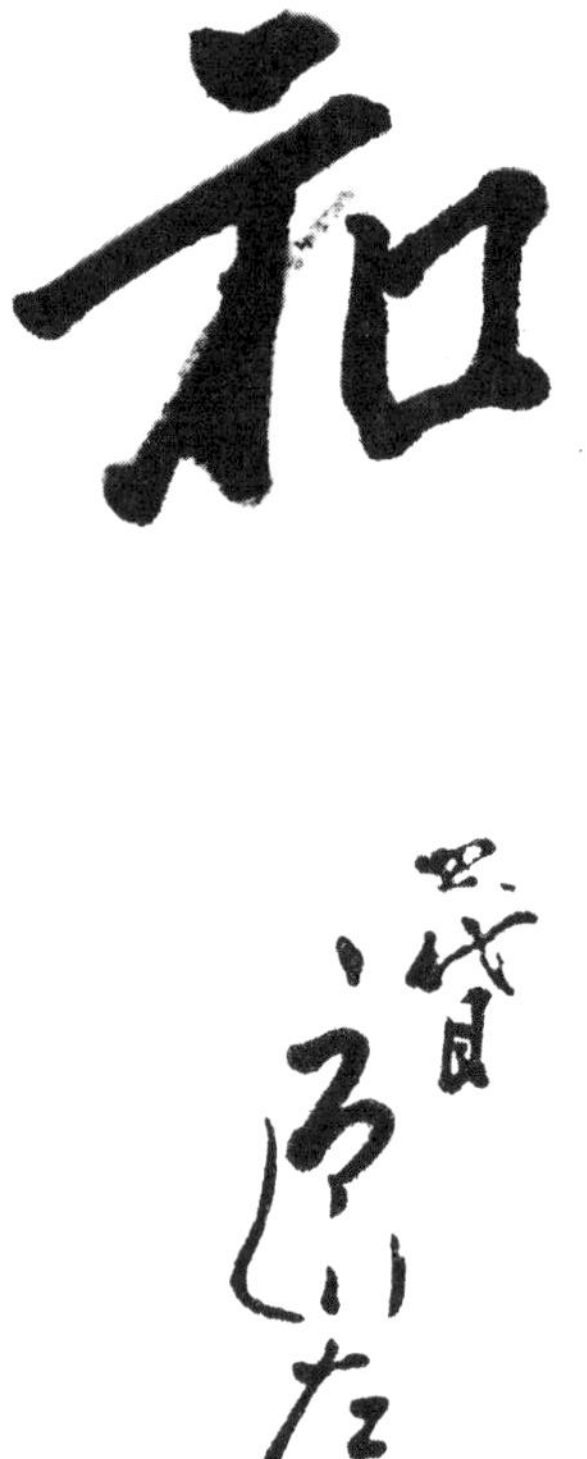

四、左團次が語った役への思い

幅広い芸域で勤めた役々

演劇評論家 朝田富次

晩年の二十数年、左團次から話を聞く機会があった。歌舞伎座の筋書などで、その月に勤める役についての談話をとっていたのだ。知的でシャイ、ユーモアも独特だった左團次。その取材メモを中心に、役について語った彼の言葉をまとめてみたい。

『毛抜《けぬき》』粂寺弾正《くめでらだんじょう》

四代目を襲名した時の役で、その大らかさが左團次にぴたりとはまった。

「(二代目尾上)松緑《しょうろく》のおじさんに教えていただきました。おじさんは教えてくださる時は、『今のお前の力ならそんなものだろう』と無理はさせなかった。『だが、俺の教えていることが本物なんだから、よく覚えておけよ』と。この作品は謎解きの面白さもありますし、大きく明るく、愛嬌《あいきょう》を大切に演じています」

『助六由縁江戸桜《すけろくゆかりのえどざくら》』髭《ひげ》の意休《いきゅう》

上演を重ねた、左團次の当り役。

「坂東のおじさん(十七代目市村羽左衛門《うざえもん》)には沢山の役を教わりましたが、意休だけは叱られず、『お前に譲るよ』とおっしゃってくださいました。助六の出端《では》からずっと出ていて、背筋を立てているので苦しくもなりますが、男伊達も傾城もみんな姿勢を正していますし、大和屋《やまとや》のおじさん（八代目坂東三津五郎《みつごろう》）や松嶋屋のおじさん（十三代目片岡仁左衛門《にざえもん》）、坂東のおじさんは年を重ねてからも意休をされていましたので、意休の豪華で重い衣裳に負けぬように演じなければと思います。最後の、刀で香炉を切る場面を大切にしています」

『仮名手本忠臣蔵《かなでほんちゅうしんぐら》』高師直《こうのもろのう》

「三段目」では塩冶判官《えんやはんがん》を「鮒侍《ふなざむらい》」と罵《ののし》る。

「執権職の地位の人物らしい、位取りが大切な役です。坂東のおじさんに『師直は判官に問題を起こさせようと、相手の顔色を見ながら、こう言えば怒るか、次はこうすれば怒るかといじめるが、大名同士なんだから喧嘩に見えてはいけない』と教えていただきました」

『熊谷陣屋《くまがいじんや》』白毫弥陀六《びゃくごうのみだろく》

「上手《うま》い下手《へた》は別にして、自分の手の内に入った役の一つ」と語っていた。

「台本を見なくてもいつでも演じられる役です。それだけに、芝居が雑にならないように気をつけています。本興行での初役の際（平成元年）は、老けた顔にしようと顔中に皺《しわ》を描いたら、坂東のおじさんに『お猿さんじゃないのだから』と注意されました。義経《よしつね》を助けていなければ——と悔いる気持ちがこの役の性根でしょう。弥陀六のせりふは世話になったり時代になったりしますので、そういったところにも難しさがあります」

『俊寛《しゅんかん》』瀬尾太郎兼康《せのおのたろうかねやす》

赤っ面《つら》の敵役《かたき》も、左團次が得意とした役だ。

「敵役ですが、瀬尾は主人清盛《きよもり》の命令に忠実なだけで、やっていることは正しい。でも、千鳥《ちどり》の乗船を拒んだり、俊寛の妻の死をむごたらしく伝えたり、その憎たらしさによって、俊寛が哀れに見えてくる。その辺りが肝心なところだと思います。河内屋《かわちや》のおじさん（三代目實川延若《じつかわえんじゃく》）に習ったお役です。坂東のおじさんには『一所懸命にやりすぎるとお客さんが疲れるよ。気持ちよく演じて、お客さんが明日も頑張ろうとお思いになるようにやるんだよ』と言われました」

『梶原平三誉石切《かじわらへいぞうほまれのいしきり》』大庭三郎景親《おおばさぶろうかげちか》

梶原平三に拮抗《きっこう》する平家武者。

「実説の大庭はなかなかの武将だったそうですが、この芝居でも、梶原と同等の武将に見える位が必要な役で、その重みが出せればと思っています。そこが弟の俣野《またの》との違いで、兄の貫禄《かんろく》を出さなければいけません」

『義経千本桜《よしつねせんぼんざくら》』「渡海屋・大物浦《とかいや・だいもつのうら》」武蔵坊弁慶《むさしぼうべんけい》、「すし屋《や》」鮓屋弥左衛門《すしややざえもん》

令和四年の「渡海屋・大物浦」は片岡仁左衛門が一世一代で知盛《とももり》を勤めた舞台。

「仁左衛門さんの一世一代ですから、気合が入りますし、共演が楽しみです。この弁慶も坂東のおじさんに教わりました。知盛に数珠をかけるのは、義経の優しさと言いますか。そういった気持ちを家来の弁慶も知っているのだと思います」

弥左衛門は、源氏に追われる維盛《これもり》を匿《かくま》い、その身分を隠すために必死になっている人物。「梶原の詮議が迫り、『まずまず』と弥助《やすけ》実は維盛を上座に直す場面が、この役の大事なところ。体が大きいので、あまり動き回らず、舞台のバランスを考えて演じています」

『弁天娘女男白浪《べんてんむすめめおのしらなみ》』南郷力丸《なんごうりきまる》

尾上菊五郎《きくごろう》の弁天小僧《べんてんこぞう》とのペアで上演を重ねた持ち役。

「弁天小僧と南郷は乳兄弟。菊五郎さんとは兄弟同然のように育ってきましたから、そんな二人の感じが自然と出てきます。武士に化けて浜松屋に乗り込み、見顕《みあらわ》されるという、役の切り替えが演じていて面白いです。何度も勤めていますが、慣れすぎないように気を引き締めています」

『髪結新三《かみゆいしんざ》』家主長兵衛《ちょうべえ》

二代目尾上松緑の新三では、父の三代目左團次が家主を勤めている。

「あのせりふ覚えの悪い父がよくやったと思います。本当にせりふが多くて、大変なんです。新三を徐々に困らせていき、窮地に立たせ、最後はうんと言わせるところが難しい。結局はごまかして、悪党の新三からお金を巻き上げるのですから、一回り上手《うわて》の強欲な人なのでしょうね」

『身替座禅《みがわりざぜん》』奥方玉《たま》の井《い》

「心底愛しているからこそ、あそこまで嫉妬《しっと》できるのでしょう。愛嬌《あいきょう》と上品さを大切にしています。立役と違って女形は立ち居振る舞いが大変です」

三枚目の女形の心得は父（三代目左團次）に習ったという。

「昭和四十三年に『嫗山姥《こもちやまんば》』の腰元お歌をさせていただいた際、滑稽《こっけい》な芝居をする初めての女形でしたので、父が心配して教えてくれました。『おまえの体つき、声柄だけでお客様にはおかしいんだから、ほっぺたを赤くしたりしちゃいけないよ。普通の女形のようにするんだよ』と」

『夕顔棚《ゆうがおだな》』爺《じじ》

尾上菊五郎の婆《ばば》との名カップルで好評を博した。平成二十七年に初役で勤めた際の話から。

「年をとった役はいくつかしていますが、田舎の爺さんのような老け役は実は初めてで、心境的にも初体験です。菊五郎さんが舞台に出る人数を増やして、いっそう楽しい雰囲気にしようとおっしゃっていましたが、こんなに踊りとせりふがある役というのも今回が初めてです」

そして、その六年後。

「振りもせりふもすっかり忘れてしまいました（笑）。一度やったくらいでは、なかなか体に入らないものです。初役の時も今回も、菊五郎さん頼みです」

形容が難しい名人で、言葉では言い表せない魅力を持っていた。舞台の話、役の話、左團次の考え、思い、もっと聞いておけばと、今さらながら残念に思っている。惜しい人を亡くした。

五、市川左團次年譜

——公益財団法人松竹大谷図書館 作成

年号	初日	千穐楽	劇場	●外題・役名	＊備考
昭和22（1947）	5・6	5・不明	東京劇場	●『菅原伝授手習鑑 寺子屋』菅秀才	
	7・6	8・3	東京劇場	●『梅雨小袖昔八丈』丁稚長松	
昭和23（1948）	4・2	4・27	新橋演舞場	●『増補雨月物語』禿千鳥 ●『助六曲輪菊』禿	
	10・3	10・27	新橋演舞場	●『義経千本桜 文珠渡し、木の実、小金吾討死、すし屋』六代君	
昭和24（1949）	1・2	1・26	新橋演舞場	●『勧進帳』太刀持	
	4・5	4・30	東京劇場	●『菅原伝授手習鑑 寺子屋』菅秀才	
	5・5	5・30	新橋演舞場	●『土蜘』太刀持音若	
昭和25（1950）	6・3	6・27	新橋演舞場	●『梅雨小袖昔八丈』丁稚長松	
	10・3	10・29	東京劇場	●『勧進帳』太刀持	
昭和26（1951）	1・2	1・26	明治座	●『土蜘』太刀持音若 ●『近江源氏先陣館 盛綱陣屋』一子小四郎 ●『京鹿子娘道成寺』所化東仙坊 ●『神明恵和合取組』め組久保町の寅	
	3・4	3・29	歌舞伎座	●『源氏物語』春宮 ●『勧進帳』太刀持	
	6・4	6・28	新橋演舞場	●『一本刀土俵入』子守娘おきん	
	7・5	7・30	新橋演舞場	●『勢獅子』鳶の者寅次	
	10・3	10・27	歌舞伎座	●『源氏物語』春宮	
昭和27（1952）	1・2	1・27	新橋演舞場	●『勧進帳』太刀持市若	
	2・2	2・26	歌舞伎座	●『江戸育お祭佐七』勘平の練子	
	3・2	3・26	明治座	●『天一坊大岡政談』大岡一子忠右衛門	
	5・3	5・26	歌舞伎座	●『源氏物語 第二篇』髭黒大将娘眞木柱 ●『若葉蔦歌舞伎賑 左團次祭芝居前』大野屋娘お島	＊三代目市川左團次襲名披露
	6・1	6・26	歌舞伎座	●『源氏物語 第二篇』髭黒大将娘眞木柱	＊三代目市川左團次襲名披露
	10・2	10・26	歌舞伎座	●『若き日の信長』村の子供	
昭和28（1953）	1・2	1・26	新橋演舞場	●『南総里見八犬伝』童子	

2・2 2・28 明治座 ●『明石の島蔵松島千太 島鵆月白浪』島蔵伜岩松

10・3 10・27 歌舞伎座 ●『大徳寺』小姓主水

昭和29(1954)

5・5 5・30 歌舞伎座 ●『源氏物語 第三部』髭黒四郎君

6・3 6・26 歌舞伎座 ●『源氏物語 第三部』髭黒四郎君

10・3 10・27 歌舞伎座 ●『絵島生島 第二部』部屋子茜

昭和30(1955)

1・2 2・15 新橋演舞場 ●『神明恵和合取組 め組の喧嘩』とゝまじりの栄次

10・3 10・27 歌舞伎座 ●『土蜘』番卒三郎 ＊十七代目市村羽左衛門襲名披露

12・4 12・26 明治座 ●『仮名手本忠臣蔵 十一段目』高師康

昭和31(1956)

9・4 9・24 東横ホール ●『神田祭』鳶の者卯之吉

12・3 12・26 明治座 ●『仮名手本忠臣蔵 十一段目』高師康

昭和32(1957)

1・2 2・3 新橋演舞場 ●『赤西蠣太』浅川欣哉 ●『乗合船恵方萬歳』箱丁卯吉

8・4 8・23 歌舞伎座 ●『夏祭浪花鑑』下剃三吉 ●『奉教人の死』役人

9・3 9・23 東横ホール ●『父子鷹』男谷精一郎 ●『ベニスの商人』書記

昭和33(1958)

1・2 1・28 新橋演舞場 ●『本朝廿四孝 勘助住家』長尾の家臣細川隼人
●『唐相撲』官女

7・4 7・24 東横ホール ●『鞍馬天狗』長州藩世良修三

8・1 8・25 新宿松竹座 ●『赤胴鈴之助』竜巻雷之進

昭和34(1959)

1・2 2・3 新橋演舞場 ●『江戸の夕映』巡邏兵 ●『江戸生艶気樺焼』幇間文中

2・5 2・25 東横ホール ●『乗合船恵方萬歳』門礼者赤之助

3・3 3・29 歌舞伎座 ●『原典 平家物語』平知盛

3・15 歌舞伎座 ●『二人袴』鈍太郎 ＊第七十六回子供かぶき教室

4・3 4・27 御園座 ●『近江源氏先陣館 盛綱陣屋』臼杵八郎 ●『盲長屋梅加賀鳶』お神楽弥太郎、捕手

5・3 5・28 歌舞伎座 ●『八犬伝だんまり』犬江新兵衛

6・2 6・26 歌舞伎座 ●『大森彦七』道後の家来兵馬 ●『四千両小判梅葉』四番役

年号	初日	千穐楽	劇場	●外題・役名	＊備考
	8・3	8・27	歌舞伎座	●『黄金の丘(ゴールド・ヒル)』白虎隊士野村駒四郎 ●『珠取』漁師苫六	
	8・23		歌舞伎座	●『珠取』漁師苫六	＊第八十回子供かぶき教室
	9・1	9・25	明治座	●『坂崎出羽守』家康幕僚 ●『神楽諷雲井曲毬 どんつく』鳶頭卯之吉	
	10・1	10・26	歌舞伎座	●『殺生関白』近習山本主殿 ●『半七捕物帳 勘平の死』若い者庄八	
	10・18		歌舞伎座	●『銘作左小刀 京人形』奴照平	＊第八十二回子供かぶき教室
	11・1	11・25	大阪新歌舞伎座	●『京鹿子娘道成寺』所化九念坊 ●『羅生門』捕吏 ●『弁天娘女男白浪 浜松屋』手代松蔵	
	12・1	12・25	歌舞伎座	●『仮名手本忠臣蔵 四段目、十一段目』佐藤与茂七、高師康	
昭和35(1960)	1・2	2・3	新橋演舞場	●『梶原平三誉石切』辻井兵馬 ●『京鹿子娘道成寺』所化仁念坊 ●『神明恵和合取組 め組の喧嘩』とゝまじりの栄次	
	2・5	2・26	東横ホール	●『修禅寺物語』下田五郎景安	
	3・2	3・26	歌舞伎座	●『源平布引滝 実盛物語』近習 ●『番町皿屋敷』田町弥作 ●『かげろふの日記遺文』殿上人 ●『鶴亀』帝王 ●『塩原多助一代記』炭屋若い者長蔵	
	4・2	4・26	新宿第一劇場	●『車引殺人事件』沢村藤松 ●『旗本五人男』鳶頭定右衛門	
	5・3	5・27	歌舞伎座	●『六歌仙容彩 喜撰法師』所化遍念坊 ●『天衣紛上野初花』近習大橋伊織	
	6・2	6・26	歌舞伎座	●『暫』足柄左衛門高宗 ●『本朝廿四孝 奥庭』人形遣 ●『恋湊博多諷』徳島平左衛門	
	8・3	8・27	新橋演舞場	●『立まわり二題』立廻り ●『本朝夏夜夢』村の者楠平 ●『稲妻物語』警固の武士 ●『夏姿五人彩』布晒し男	
	9・1	9・25	明治座	●『土蜘』卜部勘解由季武 ●『慶安太平記』捕手頭高瀬釆女	

10・2　10・26　歌舞伎座　●『曽我綉侠御所染　御所五郎蔵』五郎蔵子分秩父重蔵　●『シラノ・ド・ベルジュラック』ド・ギッシュの従者、伊達男　●『技競錦姿繪』奴欣平

11・2　11・26　大阪新歌舞伎座　●『残菊物語』郵便配達夫　●『櫻子』武装の足軽次郎

12・1　12・25　歌舞伎座　●『一谷嫩軍記　熊谷陣屋』四天王　●『大徳寺』神戸侍従信孝

12・18　歌舞伎座　●『歌舞伎の立ち廻り』　＊第九十四回子供かぶき教室

昭和36（1961）

1・2　1・26　新橋演舞場　●『ひらかな盛衰記　逆櫓』船頭浪六　●『寿曽我対面』梶原平次景高　●『清水一角』赤垣源蔵

2・1　2・26　歌舞伎座　●『大森彦七』道後の家来兵馬　●『花と野武士』野武士の家来柏原伝三

3・3　3・27　歌舞伎座　●『好色西游記』女魔国の侍女　●『名橘誉石切』梶原方辻井兵馬　●『男女道成寺』所化当選坊　●『人間万事金世中』手代藤七

4・1　4・25　歌舞伎座　●『続残菊物語』尾上栄三郎

5・3　5・27　歌舞伎座　●『生写朝顔日記』川越人足頭丑右衛門

6・2　6・28　歌舞伎座　●『盲長屋梅加賀鳶』加賀鳶団子坂菊松

9・1　9・25　歌舞伎座　●『みちのく太平記』貞任家来南部太郎　●『寿口上』

11・2　11・26　歌舞伎座　●『戦国聞書　賭け玉蟲』人質監視の侍村瀬与次郎　●『一谷嫩軍記　熊谷陣屋』伊勢三郎

11・19　歌舞伎座　●『顔見世季曽我礎』仁田四郎忠常　＊第一〇一回子供かぶき教室

12・3　12・27　歌舞伎座　●『京鹿子娘道成寺』所化普文坊

12・17　歌舞伎座　●『仮名手本忠臣蔵　六段目』不破数右衛門　＊第一〇二回子供かぶき教室

昭和37（1962）

1・2　1・26　新橋演舞場　●『経島娘牛贄』難波次郎経遠　●『天衣紛上野初花　河内山と直侍』近習杉浦伴吾

2・1　2・25　歌舞伎座　●『鶴岡接木礎　曽我の石段』八幡三郎行氏、幇間喜ん幸　＊市川門之助・市川男女蔵襲名披露　●『出雲阿国』毛利輝元　●『根元草摺引』曽我五郎（8〜11日市川左團次休演による代役）　●『七代目市川門之助・五代目市川男女蔵襲名披露口上』

年号	初日	千穐楽	劇場	●外題・役名	*備考
	4・1	4・25	歌舞伎座	●『暫』埴生五郎助成 ●『十一代目市川團十郎襲名披露口上』 ●『小袖物狂ひ』奴阿勘平 ●『助六由縁江戸桜』男達竹門虎蔵	*十一代目市川團十郎襲名披露
	5・3	5・27	歌舞伎座	●『暫』埴生五郎助成 ●『十一代目市川團十郎襲名披露口上』 ●『助六由縁江戸桜』男達竹門虎蔵	*十一代目市川團十郎襲名披露
	6・3	6・27	歌舞伎座	●『夏祭浪花鑑』下剃三吉	
	9・5	9・27	東横ホール	●『新編・権三と助十 めおと駕籠』岡引文七 ●『菅原伝授手習鑑 車引』舎人松王丸 ●『唐人お吉』大黒丸の船頭亀吉	
	10・1	10・25	大阪新歌舞伎座	●『暫』埴生五郎助成 ●『妹背山婦女庭訓 御殿』宮越玄蕃 ●『十一代目市川團十郎襲名披露口上』 ●『助六由縁江戸桜』福山かつぎ富吉	*十一代目市川團十郎襲名披露
	11・1	11・27	歌舞伎座	●『近江源氏先陣館 盛綱陣屋』臼杵八郎 ●『女殺油地獄』講中次郎造 ●『若き日の信長』武士	
	12・1	12・23	東横ホール	●『素襖落』次郎冠者 ●『梶原平三誉石切』俣野五郎景久 ●『人情噺文七元結』鳶頭伊兵衛	
昭和38（1963）	1・2	1・26	新橋演舞場	●『京鹿子娘道成寺』所化容仁坊 ●『梶原平三誉石切』梶原方大名塩山庄七	
	2・1	2・25	歌舞伎座	●『徳川家康』加藤虎之助清正	
	2・3	2・27	新橋演舞場	●『信長とお市の方』堀田羽前	
	3・2	3・26	地方巡業	●『鎌倉三代記』安達藤三郎実は佐々木高綱 ●『御目見得口上』 ●『人情噺文七元結』鳶頭伊兵衛	
	4・1	4・25	歌舞伎座	●『有職鎌倉山』真柄舎人之助高次 ●『江戸育お祭佐七』鳶重太 ●『京鹿子娘道成寺』所化円念坊 ●『侠客春雨傘』子分竜頭竜太（21日休演）	
	5・3	5・28	歌舞伎座	●『雪月花三重暗闘』上総六郎兼氏 ●『雁のたより』下剃の安	*初代市川猿翁・三代目市川猿之助・四代目市川團子襲名披露
	6・2	6・26	歌舞伎座	●『阿国山三 歌舞伎双紙』若衆、六法者 ●『長町女腹切』道具屋長兵衛	

7・1～7・24	歌舞伎座	●『弥次喜多 東海道中膝栗毛』船頭権太	
9・1～9・26	御園座	●『矢の根』大薩摩文太夫 ●『妹背山婦女庭訓 御殿』宮越玄蕃 ●『勧進帳』駿河次郎 ●『乗合船恵方萬歳』角兵衛獅子新吉 ●『梶原平三誉石切』初岡修理亮 ●『十一代目市川團十郎襲名披露口上』 ●『助六由縁江戸桜』福山かつぎ富吉	＊十一代目市川團十郎襲名披露、市川門之助・片岡芦燕・市川男女蔵襲名披露
10・2～10・26	歌舞伎座	●『名和長年』六郎太郎義氏 ●『妲妃のお百』那珂の腹心宮下五郎 ●『紅葉狩』従者左源太	
10・20	歌舞伎座	●『菅原伝授手習鑑 寺子屋』武部源蔵	＊第一一一回子供かぶき教室
11・2～11・26	歌舞伎座	●『京鹿子娘道成寺』所化悟念坊 ●『新書太閤記 藤吉郎篇』佐久間右衛門	
12・1～12・26	南座	●『名和長年』六郎太郎義氏 ●『助六由縁江戸桜』福山かつぎ富吉	

昭和39（1964）

1・5～1・28	東横ホール	●『寿曽我対面』工藤左衛門祐経 ●『双蝶々曲輪日記 角力場』濡髪長五郎	
2・1～2・25	歌舞伎座	●『続 徳川家康』島津中務豊久	
3・1～3・25	歌舞伎座	●『大岡越前守と天一坊』池田大助 ●『一谷嫩軍記 熊谷陣屋』駿河次郎 ●『源氏物語』頭中将（若き頃）	
4・1～4・25	歌舞伎座	●『船弁慶』亀井六郎	＊六代目市村竹之丞・六代目澤村田之助襲名披露
4・30	東横ホール	●『源平魁躑躅 扇屋熊谷』熊谷次郎直実 ●『桂川連理柵』帯屋長右衛門	＊小莟会
5・3～5・27	歌舞伎座	●『菅原伝授手習鑑 筆法伝授』荒島主税	
6・2～6・26	歌舞伎座	●『心中刃は氷の朔日』弟子長三	
6・21	歌舞伎座	●『太刀盗人』目代丁子左衛門	＊第一一三回子供かぶき教室
6・22～6・26	歌舞伎座	●『太刀盗人』目代丁子左衛門、掏摸九郎兵衛	＊第一回学生の歌舞伎教室、配役は一日替わり
9・3～9・28	歌舞伎座	●『祇園祭礼信仰記 金閣寺』久吉の家臣戸塚隼人	＊四代目中村雀右衛門・八代目大谷友右衛門・七代目中村芝雀襲名披露

年号	初日	千穐楽	劇場	●外題・役名	＊備考
	10・1	10・23	東横ホール	●『仮名手本忠臣蔵 大序、三段目、四段目、五段目』高武蔵守師直、石堂右馬之丞、斧定九郎	
	11・1	11・25	歌舞伎座	●『平家蟹』家来三郎吾	
	12・2	12・26	歌舞伎座	●『吾背子恋の合槌 蜘蛛の拍子舞』鯰坊主雷雲 ●『大菩薩峠』新徴組佐島	
昭和40（1965）	1・2	1・26	歌舞伎座	●『西鶴五人女』獅子舞	
	2・1	2・25	歌舞伎座	●『炎は流れる 明治天皇と乃木希典』軍務局青木中佐 ●『勢獅子』鳶の者松造	
	2・21		歌舞伎座	●『箱根霊験躄仇討』滝口上野	＊第一一五回子供かぶき教室
	3・1	3・25	歌舞伎座	●『名和長年』六郎太郎義氏 ●『天衣紛上野初花 河内山』近習黒沢要	
	4・3	4・23	東横ホール	●『舞競玆成駒 柱建』工藤左衛門祐経 ●『聖の筆於伝が貞節 日蓮上人御法海』日朗法師 ●『本朝廿四孝』百姓横蔵後に山本勘助晴義	
	5・4	5・28	歌舞伎座	●『寿曽我対面』梶原平次景高 ●『六代目尾上菊五郎追善、四代目尾上菊之助・初代尾上辰之助・八代目坂東薪水襲名披露口上』	＊四代目尾上菊之助・初代尾上辰之助・八代目坂東薪水襲名披露
	6・4	6・25	東横ホール	●『土蜘』平井左衛門尉保昌 ●『酔菩提悟道野晒 野晒悟助』堤婆仁三郎 ●『連獅子』狂言師右近後に親獅子の精 ●『菅原伝授手習鑑 寺子屋』武部源蔵	
	7・2	7・26	歌舞伎座	●『国盗り物語』若武者成瀬友行 ●『怪異談牡丹燈籠』目明し藤吉	
	9・2	9・26	歌舞伎座	●『桃山譚 地震加藤』臣飯田覚兵衛 ●『慶喜命乞』参謀付監察村田新八郎	
	10・1	10・25	明治座	●『酔って候』福岡藤次 ●『南蛮太平記』竜造寺純尭	
	11・1	11・25	歌舞伎座	●『新薄雪物語』刎川兵蔵 ●『安宅関』片岡八郎	
	12・1	12・25	歌舞伎座	●『仮名手本忠臣蔵 四段目、十段目、十一段目、大詰』竹森喜多八	
昭和41（1966）	1・2	1・27	歌舞伎座	●『京鹿子娘道成寺』所化喜観坊 ●『将軍江戸を去る』隊士土肥庄次郎	
	2・2	2・19	東横ホール	●『勧進帳』富樫左衛門 ●『寿曽我対面』曽我十郎祐成 ●『芝浜革財布』左官梅吉	

年	期間	劇場	演目・役	備考
	4・2 4・26	明治座	●『忠直卿行状記』小姓増田勘之助 ●『恋の重荷』従者右近 ●『平安の夕陽 弁慶と茜』藤原泰衡 ●『泣かずの弥太郎』三次郎	
	5・5 5・29	歌舞伎座	●『茨木』士卒運藤	
	7・7 7・31	歌舞伎座	●『宮本武蔵』供侍志賀幸之進 ●『弁天娘女男白浪 浜松屋、勢揃い』若党四十八実は南郷力丸	
	7・30	三越劇場	●『与話情浮名横櫛』和泉屋多左衛門	＊荒磯会第三回公演
	9・5 9・10	神戸国際会館	●『細川ガラシャ夫人』家臣覚義	＊中村歌右衛門特別公演
	10・1 10・28	帝国劇場	●『大仏炎上 平重衡』狩野介の甥宗政 ●『盲長屋梅加賀鳶』加賀鳶弥太郎	＊二代目中村吉右衛門襲名披露
	11・2 11・27	歌舞伎座	●『鬼界ヶ島 笑う俊寛』丹波少将成経 ●『妹背山婦女庭訓 御殿』宮越玄蕃 ●『雪暮夜入谷畦道』暗闇丑松	
	11・20	歌舞伎座	●『忍夜恋曲者 将門』大宅太郎光圀	＊第一二二回子供かぶき教室
	12・3 12・27	歌舞伎座	●『五瓣の椿』香屋清一 ●『延若五変化 大津絵道成寺』弁慶	
昭和42（1967）	1・6 1・27	国立劇場大劇場	●『雷神不動北山桜』八剣数馬、桜町中将清房	
	2・2 2・26	歌舞伎座	●『高時』安達三郎泰忠 ●『二月堂秘法 達陀』練行衆 ●『極付幡随長兵衛』坂田兵庫之助公平、子分小仏小平	
	4・1 4・25	歌舞伎座	●『新版歌祭文 野崎村』庄屋滝右衛門	＊中村芝翫・初舞台中村児太郎・中村福助・中村松江・中村東蔵襲名披露
	5・1 5・25	大阪新歌舞伎座	●『君が代松竹梅』竹の君 ●『半七捕物帳の内 津の国屋』托鉢僧 ●『棒しばり』太郎冠者 ●『坂崎出羽守』本多上野介正純 ●『弁天娘女男白浪 浜松屋』浜松屋倅宗之助	＊四代目尾上菊之助・初代尾上辰之助襲名披露
	6・3 6・27	明治座	●『日蓮』信者左藤次 ●『すみだ川絵図』松吉	
	7・12 7・31	国立劇場大劇場	●『国性爺合戦』和藤内後に延平王国性爺	＊第一回学生のための国立劇場歌舞伎教室

年号	初日	千穐楽	劇場	●外題・役名	＊備考
	9・18	9・27	地方巡業	●『口上』●『摂州合邦辻』奴入平 ●『お染久松 道行浮塒鴎』猿曳寿助	＊中村福助・中村松江・中村東蔵襲名披露
	10・1	10・25	歌舞伎座	●『近江源氏先陣館 盛綱陣屋』伊吹藤太 ●『神明恵和合取組 め組の喧嘩』滝の音文太郎	＊二代目市村吉五郎・十七代目市村家橘・初代市村公襲名披露
	11・2	11・26	歌舞伎座	●『摂州合邦辻』奴入平	
昭和43（1968）	1・6	1・28	国立劇場大劇場	●『御ひいき勧進帳 暫らく』是明君	
	2・1	2・25	歌舞伎座	●『京鹿子娘道成寺』所化不動坊 ●『燈台鬼』副官思明 ●『乗合船恵方萬歳』門礼者福右衛門 ●『八重桐廓噺 嫗山姥』腰元お歌	
	3・1	3・26	明治座	●『夜討曽我』源頼朝	
	4・1	4・25	歌舞伎座	●『将軍江戸を去る』彰義隊新副長天野八郎 ●『女暫』成田五郎房本	
	5・4	5・28	歌舞伎座	●『伊賀越道中双六 沼津』池添孫八 ●『伽羅先代萩 花水橋』絹川谷蔵	
	5・19		歌舞伎座	●『伽羅先代萩 花水橋、床下』絹川谷蔵、仁木弾正	＊第一二六回子供かぶき教室
	6・5	6・29	明治座	●『池田大助捕物帳 呪いの投げ文』源太 ●『薫風落城賦 豊島氏最後』清瀬	
	7・4	7・28	歌舞伎座	●『釜渕双級巴 石川五右衛門 継子いじめ』子分小鮒源五郎 ●『東海道四谷怪談』民谷伊右衛門（28日守田勘弥休演による代役）	
	9・13	9・22	地方巡業	●『絵本太功記』真柴筑前守久吉 ●『生写朝顔日記』下郎関助	
	10・1	10・25	歌舞伎座	●『成政』織田信長 ●『京鹿子娘道成寺』所化大念坊 ●『一本刀土俵入』波一里儀十 ●『苅萱桑門筑紫轢 いもり酒』大内義弘 ●『籠釣瓶花街酔醒』釣鐘権八 ●『連獅子』修験者	
	11・1	11・26	歌舞伎座	●『仮名手本忠臣蔵 四段目』薬師寺次郎左衛門	
	11・17		歌舞伎座	●『道行旅路の花聟』早野勘平	＊第一二七回子供かぶき教室
	12・1	12・26	歌舞伎座	●『舞踊劇 保名物語』従者与勘平 ●『主従無上』若党万助	
昭和44（1969）	1・2	1・27	歌舞伎座	●『紅葉狩』従者左源太 ●『御存幡随長兵衛』子分極楽十三	

2・1　2・25　歌舞伎座　●『義経千本桜　渡海屋、大物浦』武蔵坊弁慶　●『あすなろう』目明し大門の四郎作　●『質庫魂入替』虎蔵（虎の巻の精）

3・5　3・27　国立劇場大劇場　●『南総里見八犬伝』犬田小文吾

4・2　4・26　歌舞伎座　●『平家物語　建礼門院』法勝寺執行僧都俊寛・俊寛の亡霊　●『盲目物語』法師武者朝露軒

5・1　5・25　大阪新歌舞伎座　●『京鹿子娘道成寺』所化普文坊　●『ぢいさんばあさん』下島甚右衛門　●『三人石橋』白毛獅子の精

6・5　6・27　国立劇場大劇場　●『妹背山婦女庭訓　蝦夷子館、奥殿誅伐』大判事清澄

7・3　7・27　歌舞伎座　●『人情馬鹿物語　櫓太鼓』幕下大海

9・2　9・26　歌舞伎座　●『御存鈴ヶ森』雲助難波の芦造　●『狐と笛吹き』楽人夏雅　●『女殺油地獄』皆朱の善兵衛

10・1　10・25　歌舞伎座　●『白鷺』画商津川勇吉

11・1　11・26　歌舞伎座　●『暫』成田五郎義秀　●『勧進帳』駿河次郎　●『弁天娘女男白浪　浜松屋』鳶頭清次　＊十代目市川海老蔵襲名披露、六代目片岡十蔵・四代目片岡亀蔵襲名披露

12・1　12・26　歌舞伎座　●『討入前夜　その日の雪』両替屋丁稚実は矢頭右衛門七　●『仙台亘理城秘聞　桜伝内』伊達藩主伊達綱村　●『蜘蛛絲梓弦』坂田金時

昭和45（1970）

1・2　1・26　歌舞伎座　●『大江山酒呑童子』渡辺源次綱　●『菅原伝授手習鑑　車引』舎人松王丸

2・1　2・25　歌舞伎座　●『源氏物語　桐壺の巻より賢木の巻まで』左中辨　●『風さそふ　刃傷前后』梶川与三兵衛

4・5　4・27　国立劇場大劇場　●『博多小女郎浪枕』徳島平左衛門

5・5　5・27　国立劇場大劇場　●『柳影澤蛍火』犬役人酒井万蔵

6・2　6・26　歌舞伎座　●『ひらかな盛衰記　源太勘当』横須賀軍内　●『関八州繋馬　小蝶蜘』渡辺源次綱　●『伊勢音頭恋寝刃』奴林平

6・14　歌舞伎座　●『修禅寺物語』面作師夜叉王　＊第一三二回子供かぶき教室

7・5　7・25　国立劇場大劇場　●『仮名手本忠臣蔵　五段目、六段目』千崎弥五郎

年号	初日	千穐楽	劇場	●外題・役名	＊備考
	8・2	8・4	国立劇場小劇場	●『雪暮夜入谷畦道』金子市之丞	＊第三回青年歌舞伎祭、荒磯会第六回公演
	9・2	9・23	地方巡業	●『伽羅先代萩　床下』荒獅子男之助 ●『お目見得口上』 ●『義経千本桜　すし屋』梶原平三景時	
	10・1	10・25	歌舞伎座	●『舟遊女』源氏の武士 ●『義経千本桜　すし屋』梶原平三景時 『籠釣瓶花街酔醒』繁山栄之丞	
	10・31	11・25	歌舞伎座	●『伽羅先代萩　竹の間』蔦の嘉藤太 ●『松と竹　雀おどり』若衆歌舞伎 ●『盲長屋梅加賀鳶』加賀鳶磐石石松	
	11・15		歌舞伎座	●『寿曽我対面』工藤祐経	＊第一三三回子供かぶき教室
	12・1	12・26	歌舞伎座	●『はぐれ狼　沖田總司』近藤勇 ●『「戦国の女性達」より　笛姫』北条氏政	
昭和46（1971）	1・2	1・26	歌舞伎座	●『彦山権現誓助劔　毛谷村』京極内匠実は微塵弾正 ●『一條大蔵譚　檜垣、奥殿』八剣勘解由 ●『祇園祭礼信仰記　金閣寺』十河軍平実は佐藤虎之助正清 ●『人情噺文七元結』鳶頭伊兵衛	
	2・1	2・25	歌舞伎座	●『倭仮名在原系図　蘭平物狂』壬生の与茂作実は大江音人 ●『舞踊劇　恋の重荷』従者右近	
	3・3	3・27	歌舞伎座	●『極付幡随長兵衛』長兵衛子分雷重五郎 ●『神楽諷雲井曲毬　どんつく』田舎侍利金太 ●『二條城の清正』池田輝政 ●『増補双級巴　石川五右衛門』三好修理太夫長慶 ●『京鹿子娘道成寺』所化白元坊	
	4・2	4・26	歌舞伎座	●『女人平家』長田忠致 ●『関ヶ原』福島左衛門太夫正則	
	5・5	5・29	歌舞伎座	●『土蜘』碓井靭負之丞貞光 ●『六代目尾上菊五郎二十三回忌追善口上』	
	6・3	6・29	中日劇場	●『平家物語　建礼門院』右大将宗盛	
	7・5	7・25	国立劇場大劇場	●『義経千本桜　渡海屋、大物浦』相模五郎	
	9・4	9・27	地方巡業	●『近江源氏先陣館　盛綱陣屋』和田兵衛秀盛 ●『御目見得口上』 ●『勧進帳』亀井六郎	
	10・1	10・25	御園座	●『絵本太功記』加藤虎之助正清 ●『土蜘』酒田主馬之丞公時 ●『菅原伝授手習鑑　加茂堤』斎世君	

●『京鹿子娘道成寺』所化三仏坊
●『梅雨小袖昔八丈　髪結新三』加賀屋藤兵衛

年	期間	劇場	演目・役
	11・3　11・27	明治座	●『燃えるみちのく』白石宗実 ●『刺青奇偶』悪太郎
	12・1　12・26	歌舞伎座	●『西山物語』渡辺団次 ●『蛇姫様　お島千太郎』横山主膳
昭和47（1972）	1・2　1・26	歌舞伎座	●『寿曽我対面』鬼王新左衛門 ●『中将姫古跡の松　雪責』大弐藤原広次
	2・3　2・27	歌舞伎座	●『萬葉集　額田女王』大伴吹負 ●『二十二夜待ち』（三世市川左團次追憶狂言）藤六
	3・2　3・26	新橋演舞場	●『一本刀土俵入』船戸弥八 ●『仮名手本忠臣蔵　大序、三段目、四段目、五段目、六段目』高武蔵守師直、石堂右馬之丞、千崎弥五郎
	4・2　4・26	歌舞伎座	●『北條政子』安達藤九郎、右馬権頭頼茂 ●『加賀見山旧錦絵』牛島主税
	4・29　5・15	中日劇場	●『北條政子』源頼家、桂の局
	6・3　6・28	明治座	●『遠山金四郎　江戸の花吹雪』小林健四郎 ●『沓掛時次郎』磯目の鎌吉
	8・23　8・24	国立劇場小劇場	●『薫樹累物語』百姓与右衛門実は絹川谷蔵　＊第五回青年歌舞伎祭、第四回竹生会
	9・1　9・25	歌舞伎座	●『ひらかな盛衰記　逆艪』船頭日吉丸又六　＊五代目中村富十郎襲名披露 ●『八重桐廓噺　嫗山姥』腰元お歌 ●『天守物語』討手小田原修理 ●『京鹿子娘道成寺』所化不動坊 ●『五大力恋緘』田舎侍八右衛門実は若党八右衛門
	10・1　10・25	御園座	●『操三番叟』後見 ●『伽羅先代萩　床下』荒獅子男之助　＊五代目中村富十郎襲名披露 ●『紅葉狩』従者右源太
	11・1　11・25	歌舞伎座	●『絵本太功記』真柴筑前守久吉
	12・1　12・26	歌舞伎座	●『浮世の常』甚七（三男）●『新納鶴千代』関鉄之介
昭和48（1973）	1・2　1・26	歌舞伎座	●『三人吉三巴白浪　大川端』お坊吉三 ●『紅葉狩』腰元岩橋
	2・1　2・25	歌舞伎座	●『仮名手本忠臣蔵　四段目、七段目』薬師寺次郎左衛門、竹森喜多八
	3・4　3・26	国立劇場大劇場	●『恋女房染分手綱』鷲塚八平次
	4・1　4・25	歌舞伎座	●『雲水記』尊道 ●『六歌仙容彩　喜撰』所化鉄念坊 ●『むすめごのみ帯取池』盗賊鴉の権 ●『鰯賣戀曳網』博労六郎左衛門

年号	初日	千穐楽	劇場	●外題・役名	＊備考
	5・1	5・25	大阪新歌舞伎座	●『寿曽我対面』小林朝比奈 ●『妹背山婦女庭訓 御殿』宮越玄蕃 ●『連獅子』浄土の僧専念	＊二代目坂東亀蔵・二代目市村萬次郎襲名披露
	6・2	6・26	中日劇場	●『奥の細道』春泉、曽良	
	9・2	9・26	歌舞伎座	●『土蜘』平井左衛門尉保昌 ●『東海道四谷怪談 蛍狩』奴可内	
	10・2	10・27	歌舞伎座	●『寿曽我対面』鬼王新左衛門 ●『七代目尾上菊五郎襲名披露口上』●『京鹿子娘道成寺』所化咲蘭坊	＊七代目尾上菊五郎襲名披露
	11・1	11・26	歌舞伎座	●『音羽嶽だんまり』二荒の岩五郎 ●『七代目尾上菊五郎襲名披露口上』●『助六曲輪菊』国侍利金太	＊七代目尾上菊五郎襲名披露
	12・1	12・26	歌舞伎座	●『戦国秘話 飛騨に咲く花』青蝮の源太 ●『半之助祝言』玄武社の頭領没頭弥九郎	
昭和49(1974)	1・2	1・26	歌舞伎座	●『佐々木高綱』家来鹿島与市	
	2・1	2・25	新橋演舞場	●『彦山権現誓助剱 毛谷村』毛谷村六助	
	2・2	2・26	歌舞伎座	●『二月堂秘法 達陀』練行衆 ●『八重桐廓噺 嫗山姥』太田十郎 ●『燈台鬼』(六代目市川男寅襲名・初舞台)接待役李回将軍	
	3・2	3・27	歌舞伎座	●『信康』信康伝役平岩七之助親吉 ●『浪花の華 竹本義大夫』与力川西弥兵衛	＊長谷川一夫三月特別公演
	4・2	4・27	歌舞伎座	●『源氏物語 朧月夜かんの君』従者惟光 ●『毛抜』家老八剣玄蕃	
	5・1	5・26	大阪新歌舞伎座	●『七代目尾上菊五郎襲名披露口上』●『菅原伝授手習鑑 車引』左大臣藤原時平公	＊七代目尾上菊五郎襲名披露
	6・1	6・25	南座	●『新版歌祭文 野崎村』駕篭かき勘蔵 ●『紅葉狩』従者左源太 ●『楼門五三桐 石川五右衛門』真柴久次 ●『義経千本桜 すし屋』梶原平三景時	
	7・5	7・25	国立劇場大劇場	●『修禅寺物語』面作師夜叉王	
	8・24	8・25	国立劇場小劇場	●『仮名手本忠臣蔵 七段目』大星由良之助	＊第七回青年歌舞伎祭、第六回竹生会

9・2　9・26　歌舞伎座　●『鬼一法眼三略巻　菊畑』笠原湛海　●『極付幡随長兵衛』坂田兵庫之介公平
●『ひらかな盛衰記』明神丸船頭日吉丸又六
●『曽我綉侠御所染　御所五郎蔵』五郎蔵子分二宮太郎次

10・2　10・27　御園座　●『寿曽我対面』小林朝比奈　＊七代目尾上菊五郎襲名披露
●『七代目尾上菊五郎襲名披露口上』●『京鹿子娘道成寺』所化東仙坊
●『新皿屋舗月雨暈　魚屋宗五郎』家老浦戸十左衛門

11・1　11・25　歌舞伎座　●『鴛鴦襖恋睦』股野五郎景久　●『妹背山婦女庭訓　御殿』宮越玄蕃

12・1　12・26　歌舞伎座　●『戦国紅椿』蜂屋権四郎　●『銭形平次捕物控　夕映えの女』川並頭政五郎

昭和50（1975）

1・2　1・26　歌舞伎座　●『壇浦兜軍記　阿古屋』岩永左衛門宗蓮

2・1　2・25　新橋演舞場　●『鎌倉三代記』富田六郎　●『船弁慶』舟長三保太夫
●『半七捕物帳　勘平の死』原郷右ヱ門、呉服屋息子伊之助

3・1　3・25　南座　●『近江源氏先陣館　盛綱陣屋』北条時政
●『曽我綉俠御所染　御所五郎蔵』星影土右衛門
●『土蜘』平井左衛門尉保昌

4・3　4・27　国立劇場大劇場　●『雷神不動北山桜　毛抜』家老八剣玄蕃

5・1　5・25　大阪新歌舞伎座　●『沓手鳥孤城落月』豊島刑部　●『盲長屋梅加賀鳶』加賀鳶磐石石松

6・1　6・25　中座　●『近江源氏先陣館　盛綱陣屋』注進信楽太郎　●『茨木』渡辺源次綱
●『摂州合邦辻』奴入平　●『蜘蛛絲梓弦』坂田金時
●『伊勢音頭恋寝刃』料理人喜助

7・3　7・27　歌舞伎座　●『東海道中膝栗毛』役人山川鬼平　●『颶風時代　御殿山焼討』高杉晋作

8・3　8・4　国立劇場小劇場　●『菅原伝授手習鑑　車引』舎人松王丸　＊第八回青年歌舞伎祭、第七回竹生会
●『恋飛脚大和往来　封印切』丹波屋八右衛門

8・6　8・19　地方巡業　●『仮名手本忠臣蔵　五段目』斧定九郎
●『太刀盗人』すっぱ九郎兵衛

8・29　9・24　地方巡業　●『碁太平記白石噺　揚屋』大黒屋惣六　●『お目見得口上』
●『平家女護島　俊寛』瀬尾太郎兼康

年号	初日	千穐楽	劇場	●外題・役名	＊備考
	10・2	10・26	御園座	●『道行旅路の花聟 落人』鷺坂伴内 ●『妹背山婦女庭訓 御殿』宮越玄蕃	
	11・5	11・27	国立劇場大劇場	●『平将門 叛逆時代』多治経明	
	12・3	12・25	国立劇場大劇場	●『仮名手本忠臣蔵 四段目』薬師寺次郎左衛門	
昭和51（1976）	1・3	1・28	国立劇場大劇場	●『倭仮名在原系図 蘭平物狂』壬生の与茂作実は大江音人 ●『勧進帳』駿河次郎	
	2・1	2・25	歌舞伎座	●『繪島生島』太夫元長太夫 ●『妹背山婦女庭訓 御殿』烏帽子折求女実は藤原淡海 ●『人情噺文七元結』鳶頭伊兵衛	
	3・4	3・28	歌舞伎座	●『茨木』士卒軍藤 ●『近江源氏先陣館 盛綱陣屋』竹下孫八	
	4・2	4・26	歌舞伎座	●『御存鈴ヶ森』雲助岩間の蟹蔵 ●『宮島だんまり』相模五郎 ●『弥栄芝居賑 猿若座芝居前』男達滝の屋欣次	
	5・2	5・26	大阪新歌舞伎座	●『若き日の信長』平手長男五郎右衛門 ●『江戸女草紙 出刃打お玉』浪人森藤十郎	
	6・4	6・28	新橋演舞場	●『恐怖時代』医師細井玄沢 ●『連獅子』法華僧蓮念 ●『時今也桔梗旗揚』四王天但馬守	
	7・5	7・25	国立劇場大劇場	●『平家女護島 俊寛』瀬尾太郎兼康	
	8・1	8・12	地方巡業	●『仮名手本忠臣蔵 五段目』斧定九郎 ●『棒しばり』太郎冠者	
	8・27	9・25	地方巡業	●『傾城反魂香 吃又』狩野雅楽之助 ●『七代目尾上菊五郎襲名披露口上』 ●『弁天娘女男白浪 浜松屋、勢揃い』玉島逸当実は日本駄右衛門	
	10・2	10・28	地方巡業	●『伊勢音頭恋寝刃』料理人喜助 ●『九代目澤村宗十郎・二代目澤村藤十郎、名題昇進五代目中村勘九郎 お目見得口上』 ●『松浦の太鼓』宝井其角	＊九代目澤村宗十郎・二代目澤村藤十郎襲名披露
	11・1	11・25	歌舞伎座	●『盲長屋梅加賀鳶』加賀鳶金助町兼五郎 ●『伽羅先代萩 花水橋』絹川谷蔵 ●『乗合船恵方萬歳』田舎侍赤松久根之進	
	12・3	12・25	国立劇場大劇場	●『沓手鳥孤城落月』井伊掃部頭直孝	

昭和52（1977）	1・3	1・28	国立劇場大劇場	●『菅原伝授手習鑑 寺子屋』春藤玄蕃	
	2・1	2・25	歌舞伎座	●『少将滋幹の母』菅丞相の霊 ●『土蜘』坂田主馬之丞公時 ●『神明恵和合取組 め組の喧嘩』九竜山浪右衛門	
	2・2	2・26	新橋演舞場	●『沖津浪闇不知火 不知火検校』魚売富五郎	
	3・2	3・24	南座	●『桜姫東文章』残月 ●『仮名手本忠臣蔵 五段目』斧定九郎	
	3・28		歌舞伎座	●『六歌仙容彩より 文屋』官女仁の局	＊第十七回俳優祭
	4・1	4・26	歌舞伎座	●『絵本太功記』佐藤虎之助正清 ●『花のゆくえ 世阿弥』東坊城 ●『近江源氏先陣館 盛綱陣屋』竹下孫八 ●『おさだの仇討』手先長次郎	
	5・4	5・28	歌舞伎座	●『寿曽我対面』鬼王新左衛門 ●『御存鈴ヶ森』雲助六郷の砂利三 ●『助六由縁江戸桜 三浦屋格子先より水入りまで』口上	
	6・4	6・28	新橋演舞場	●『権八小紫 其小唄夢廓 上の巻、下の巻』副使大塚治太夫 ●『源平布引滝 実盛物語』瀬尾十郎兼氏 ●『梅ごよみ』千葉の藤兵衛	
	7・2	7・26	歌舞伎座	●『小笠原諸禮忠孝 小笠原騒動』小笠原豊前守 ●『於染久松色読販 お染の七役』山家屋清兵衛	
	8・10	8・21	地方巡業	●『修禅寺物語』源頼家 ●『船弁慶』源義経	
	9・1	9・25	歌舞伎座	●『芦屋道満大内鑑 葛の葉』信田庄司	
	10・1	10・26	御園座	●『高時』安達三郎泰忠 ●『菅原伝授手習鑑 寺子屋』春藤玄蕃 ●『摂州合邦辻』奴入平	＊九代目澤村宗十郎・二代目澤村藤十郎襲名披露
	11・1	11・25	歌舞伎座	●『仮名手本忠臣蔵 四段目、六段目、七段目、十一段目』 赤垣源蔵、判人源六、高師泰	
	12・3	12・25	国立劇場大劇場	●『天衣紛上野初花 河内山と直侍』北村大膳	
昭和53（1978）	1・3	1・28	国立劇場大劇場	●『難有御江戸景清 岩戸の景清』江間小四郎義時	
	2・2	2・26	新橋演舞場	●『五大力恋緘』笹野三五兵衛 ●『神霊矢口渡』渡し守頓兵衛	
	2・2	2・26	歌舞伎座	●『曽我綉侠御所染 御所五郎蔵』甲屋与五郎	

年号	初日	千穐楽	劇場	●外題・役名	*備考
	3・3	3・26	南座	●『梶原平三誉石切』俣野五郎景久 ●『身替座禅』太郎冠者 ●『伽羅先代萩 床下』荒獅子男之助	
	3・31	4・24	明治座	●『花の生涯』宇津木六之丞	
	5・3	5・26	道頓堀朝日座	●『義経千本桜 堀川御所、渡海屋、大物浦、すし屋、川連法眼館、奥庭』川越太郎重頼、相模五郎、梶原平三景時	
	6・3	6・27	新橋演舞場	●『素襖落』太刀持鈍太郎 ●『怪談月笠森 笠森お仙と下部市助』船頭雑魚七 ●『地獄変』家司刄輔	
	6・27		歌舞伎座	●『勧進帳』後見	*第一回矢車会
	7・4	7・25	国立劇場大劇場	●『義経千本桜 すし屋』梶原平三景時	
	8・5	8・18	地方巡業	●『一谷嫩軍記 熊谷陣屋』白毫弥陀六実は弥平兵衛宗清	
	9・3	9・27	新橋演舞場	●『江戸の夕映』総督府参謀吉田逸平太 ●『身替座禅』太郎冠者 ●『酔菩提悟道野晒 野晒悟助』浮世戸平	
	9・30	10・25	御園座	●『土蜘』坂田主馬之丞公時 ●『仮名手本忠臣蔵 六段目』判人源六 ●『紅葉狩』従者左源太 ●『菊五郎劇団結成三十年御挨拶 初霞空住吉 かっぽれ』欣坊主	
	11・1	11・25	歌舞伎座	●『籠釣瓶花街酔醒』釣鐘権八 ●『人情噺文七元結』和泉屋清兵衛	
	11・19		歌舞伎座	●『傾城反魂香 吃又』浮世又平後に土佐又平光起	*第一六三回中学生のための子供歌舞伎教室
	12・3	12・25	国立劇場大劇場	●『桐一葉』甲奴実は佐々成政、織田常真	
昭和54(1979)	2・2	2・26	歌舞伎座	●『銘作左小刀 京人形』左甚五郎 ●『御祝儀 越後獅子』越後獅子 ●『毛抜』粂寺弾正 ●『四代目市川左團次襲名披露口上』	*四代目市川左團次襲名披露
	3・4	3・26	国立劇場大劇場	●『鏡山旧錦絵』剣沢弾正、牛島主税	
	4・3	4・27	サンシャイン劇場	●『弁天娘女男白浪』南郷力丸 ●『義経千本桜 道行初音旅 吉野山』逸見の藤太	
	5・5	5・29	歌舞伎座	●『黒手組曲輪達引』鳥居新左衛門 ●『紅葉狩』従者左源太 ●『花街模様薊色縫 十六夜清心』俳諧師白蓮実は大寺正兵衛	
	6・3	6・27	新橋演舞場	●『平家蟹』旅僧雨月実は弥平兵衛宗清 ●『籠釣瓶花街酔醒』下男治六 ●『細川ガラシャ夫人』神父セスペテス	
	8・10	8・22	国立劇場小劇場	●『勧善懲悪覗機関 村井長庵』大岡越前守忠相	

9・1 9・26 明治座 ●『赤西蛎太』原田甲斐 ●『一本刀土俵入』波一里儀十
●『江島団十郎』奥山交竹院 ●『船弁慶』武蔵坊弁慶

10・1 10・25 歌舞伎座 ●『山椒大夫 安寿と厨子王』山椒大夫の息子三郎
●『盲長屋梅加賀鳶』加賀鳶磐石石松 ●『米百俵』森専八郎

11・4 11・26 国立劇場大劇場 ●『元禄忠臣蔵 第一部 伏見撞木町』不破数右衛門

11・30 12・25 南座 ●『銘作左小刀 京人形』左甚五郎 ●『籠釣瓶花街酔醒』下男治六
●『菅原伝授手習鑑 車引』舎人梅王丸 ●『将軍江戸を去る』天野八郎

昭和55（1980）

1・3 1・28 国立劇場大劇場 ●『戻橋背御摂 暫』髭黒左大将道包

2・2 2・26 歌舞伎座 ●『彦山権現誓助剱 毛谷村』微塵弾正実は京極内匠 ●『上意討ち』笹原家親族笹原監物
●『八代目坂東彦三郎襲名披露口上』
●『鑓の権三』鰐淵六之進 ＊八代目坂東彦三郎襲名披露

3・1 3・27 歌舞伎座 ●『仮名手本忠臣蔵 四段目、道行旅路の花聟、六段目、十一段目』
薬師寺次郎左衛門、鷺坂伴内、不破数右衛門、小林平八郎

4・5 4・27 国立劇場小劇場 ●『絵本合法衢 立場の太平次』高橋瀬左衛門、高橋弥十郎後に合法

5・3 5・27 歌舞伎座 ●『外郎売』朝比奈三郎義秀 ●『良寛と子守』里の男甚六

7・1 8・5 地方巡業 ●『三人吉三巴白浪 大川端』お坊吉三 ●『お目見得口上』
●『一谷嫩軍記 熊谷陣屋』梶原平次景高

9・3 9・22 南座 ●『序説 歌舞伎のみかた 楽しい歌舞伎の世界へのご案内』佐藤忠信
●『伊勢音頭恋寝刃』女郎お鹿
●『花街模様薊色縫 十六夜清心』俳諧師白蓮実は大寺正兵衛

10・2 10・26 歌舞伎座 ●『菅原伝授手習鑑 寺子屋』春藤玄蕃 ●『船弁慶』武蔵坊弁慶
●『檻』屋根屋助七 ●『近江源氏先陣館 盛綱陣屋』北条時政

10・3 10・27 サンシャイン劇場 ●『源平布引瀧』平清盛（映画出演）

11・1 11・25 歌舞伎座 ●『勧進帳』片岡八郎 ●『佐倉義民伝』酒井若狭守

昭和56（1981）

1・3 1・28 国立劇場大劇場 ●『日本第一和布苅神事』飯原左衛門、漁師鴎四郎

2・1 2・25 歌舞伎座 ●『坂崎出羽守』出羽守家来松川源六郎 ●『極付幡随長兵衛』坂田兵庫之介公平
●『花魁草』百姓米之助

年号	初日	千穐楽	劇場	●外題・役名	*備考
	3・5	3・27	国立劇場大劇場	●『日月星享和政談 延命院日当』あら熊の九郎蔵	
	4・2	4・26	歌舞伎座	●『定本 元禄忠臣蔵 最後の大評定、仙石屋敷』堀部安兵衛	
	5・4	5・28	歌舞伎座	●『同志の人々』薩藩の士永山弥一郎 ●『梅雨小袖昔八丈 髪結新三』車力善八 ●『四季「春」紙雛、「冬」木枯』五人囃子、木の葉(男)	
	6・4	6・25	国立劇場大劇場	●『夏祭浪花鑑』三河屋義平次	
	6・29	8・7	地方巡業	●『芦屋道満大内鑑 葛の葉』信田庄司 ●『お目見得口上』 ●『曽我綉俠御所染 御所五郎蔵』甲屋与五郎 ●『太刀盗人』すっぱの九郎兵衛	
	8・21	9・25	地方巡業	●『高時』秋田城介入道延明 ●『お目見得口上』 ●『義経千本桜 吉野山』逸見の藤太	
	10・2	10・26	歌舞伎座	●『盲長屋梅加賀鳶』加賀鳶天狗の杉松 ●『初代松本白鸚・九代目松本幸四郎・七代目市川染五郎襲名披露口上』 ●『仮名手本忠臣蔵 七段目』鷺坂伴内	*初代松本白鸚・九代目松本幸四郎・七代目市川染五郎襲名披露
	10・30	11・25	地方巡業	●『仮名手本忠臣蔵 五段目、六段目』斧定九郎、不破数右衛門 ●『お目見得口上』	
	12・2	12・25	歌舞伎座	●『沓掛時次郎』八丁徳 ●『銭形平次捕物控 人情江戸ごよみ』樋口一平	
昭和57(1982)	1・2	1・26	大阪新歌舞伎座	●『若き日の信長』信長の家臣林美作守 ●『弁天娘女男白浪 浜松屋、勢揃い』若党四十八実は南郷力丸 ●『梶原平三誉石切』俣野五郎景久 ●『九代目松本幸四郎襲名披露口上』	*九代目松本幸四郎襲名披露
	2・1	2・24	南座	●『桜姫東文章』残月、稲野屋半兵衛	
	3・2	3・26	歌舞伎座	●『近江源氏先陣館 盛綱陣屋』北条時政	
	3・5	3・27	国立劇場大劇場	●『南総里見八犬伝』十條力二郎、山下定包	

4・3 4・28 新橋演舞場 ●『梶原平三誉石切』俣野五郎景久 ●『弁天娘女男白浪 勢揃い』忠信利平
●『菅原伝授手習鑑 寺子屋』春藤玄蕃
●『籠釣瓶花街酔醒』下男治六

5・3 5・28 歌舞伎座 ●『世響太鼓功 酒井の太鼓』馬場美濃守信房 ●『淀君情史』豊臣家臣長束正家
●『紅葉狩』従者右源太

6・2 6・25 中座 ●『元禄忠臣蔵 御浜御殿』新井勘解由 ●『菅原伝授手習鑑 寺子屋』春藤玄蕃
●『芦屋道満大内鑑 葛の葉』石川悪右衛門

6・28 8・8 地方巡業 ●『修禅寺物語』面作師夜叉王 ●『お目見得口上』

9・2 9・26 新橋演舞場 ●『仮名手本忠臣蔵 大序、三段目、五段目』高武蔵守師直、斧定九郎

10・2 10・27 御園座 ●『菅原伝授手習鑑 寺子屋』春藤玄蕃 ●『寿曽我対面』鬼王新左衛門
●『雪暮夜入谷畦道 直侍』暗闇の丑松
*九代目松本幸四郎襲名披露

10・29 11・26 地方巡業 ●『平家女護島 俊寛』瀬尾太郎兼康 ●『お目見得口上』

12・1 12・25 歌舞伎座 ●『忠臣蔵異聞 恋の淡雪』堀部安兵衛
●『京鹿子娘道成寺』大館左馬五郎輝剛

昭和58(1983)

1・2 1・26 浅草公会堂 ●『源平布引滝 実盛物語』瀬尾十郎兼氏

2・1 2・25 歌舞伎座 ●『江戸の夕映』総督府参謀吉田逸平太 ●『暗闇の丑松』浪人潮止徳四郎
●『四千両小判梅葉』数見役

3・2 3・26 歌舞伎座 ●『助六曲輪初花桜』くわんぺら門兵衛

3・29 国立劇場大劇場 ●『勧進口上』
●『那智滝祈誓文覚』渡辺亘、迢多迦童子
*成田山大塔建立勧進歌舞伎公演

4・1 4・25 大阪新歌舞伎座 ●『極付幡随長兵衛』坂田兵庫之介公平、唐犬権兵衛
●『素襖落』太刀持鈍太郎

5・3 5・25 南座 ●『競書手本忠臣蔵 松の廊下刃傷、四段目 五段目、土屋主税』
吉良上野介、薬師寺次郎左衛門、斧定九郎、晋其角

6・2 6・27 歌舞伎座 ●『番町皿屋敷』放駒四郎兵衛 ●『名月八幡祭』魚惣
●『東海道四谷怪談』按摩宅悦、伊達奴折蔵

年号	初日	千穐楽	劇場	●外題・役名	*備考
	6・30	8・8	地方巡業	●『弁天娘女男白浪 浜松屋』玉島逸当実は日本駄右衛門 ●『お目見得口上』 ●『新版歌祭文 野崎村』百姓久作	
	9・1	9・25	歌舞伎座	●『徳川家康』本多作左衛門 ●『会津落城秘聞 血笑記』菱村園五郎 ●『於染久松色読販 お染の七役』山家屋清兵衛	
	10・4	10・26	地方巡業	●『三人吉三巴白浪 大川端』和尚吉三 ●『九代目松本幸四郎襲名披露口上』 ●『梶原平三誉石切』大庭三郎景親 ●『身替座禅』奥方玉の井	*九代目松本幸四郎襲名披露
	11・3	11・25	国立劇場大劇場	●『妹背山婦女庭訓 蝦夷子館、御殿、奥殿、誅伐』蘇我入鹿	
	12・2	12・25	国立劇場大劇場	●『冬木心中』荷足の船頭藤兵衛 ●『南都二月堂 良弁杉由来』茶筌売惟念坊	
昭和59(1984)	1・2	1・26	浅草公会堂	●『三人吉三巴白浪 大川端』和尚吉三	
	2・4	2・26	南座	●『於染久松色読販 お染の七役』山家屋清兵衛	
	3・4	3・26	国立劇場大劇場	●『青砥稿花紅彩画 白浪五人男』南郷力丸	
	4・1	4・25	歌舞伎座	●『平家女護島 俊寛』瀬尾太郎兼康 ●『女殺油地獄』叔父山本森右衛門	
	5・2	5・27	歌舞伎座	●『景清』岩永左衛門宗連 ●『弥栄芝居賑 芝居前』男伊達高島左金次	
	6・3	6・24	国立劇場大劇場	●『仮名手本忠臣蔵 六段目』不破数右衛門	
	7・21	7・31	地方巡業	●『平家女護島 俊寛』瀬尾太郎兼康	
	8・22	8・31	歌舞伎座	●『涙を抱いた渡り鳥 劇中劇「三人吉三廓初買」』瀬川菊十郎、和尚吉三	*水前寺清子歌舞伎座特別公演
	9・3	9・27	歌舞伎座	●『義経腰越状 五斗三番叟』錦戸太郎 ●『将軍江戸を去る』彰義隊新頭取天野八郎 ●『六歌仙容彩 喜撰』所化解面 ●『生写朝顔話 朝顔日記』戎屋徳右衛門	
	9・24		歌舞伎座	●『六歌仙容彩 文屋』文屋康秀	*第一八〇回中学生のための子供歌舞伎教室
	10・2	10・27	御園座	●『与話情浮名横櫛』蝙蝠の安五郎	
	10・28		成田山新勝寺	●『根元草摺引』朝比奈	*十二代目市川團十郎襲名、成田山奉納歌舞伎

11・1　11・25　歌舞伎座　●『一條大蔵譚　奥殿』八剣勘解由　●『土蜘』平井左衛門尉保昌

11・30　12・25　南座　●『彦山権現誓助剱　毛谷村』杣斧右衛門
●『菅原伝授手習鑑　寺子屋』春藤玄蕃

昭和60（1985）

1・2　1・26　歌舞伎座　●『菅原伝授手習鑑　車引』藤原時平公
●『大江山酒呑童子』平井左衛門尉保昌　●『彦山権現誓助剱　毛谷村』杣斧右衛門

2・2　2・25　歌舞伎座　●『宮本武蔵』長岡佐渡

3・1　3・25　歌舞伎座　●『東山桜荘子　佐倉宗吾』幻の長吉
●『桜姫東文章』残月、稲野屋半兵衛

4・1　4・26　歌舞伎座　●『毛抜』家老八剣玄蕃　●『勧進帳』片岡八郎
●『十二代目市川團十郎襲名披露口上』　＊十二代目市川團十郎襲名披露

5・3　5・27　歌舞伎座　●『暫』埴生五郎助成
●『菅原伝授手習鑑　寺子屋』春藤玄蕃　＊十二代目市川團十郎襲名披露、
●『十二代目市川團十郎・七代目市川新之助襲名披露口上』　七代目市川新之助初舞台

6・1　6・27　歌舞伎座　●『義経千本桜　渡海屋、大物浦』武蔵坊弁慶
●『若き日の信長』平手長男五郎右衛門　＊十二代目市川團十郎襲名披露
●『十二代目市川團十郎襲名披露口上』

7・8　8・11　海外公演　Aプロ●『暫』成田五郎　●『太刀盗人』目代丁字左衛門　●『口上』
Bプロ●『桜姫東文章』残月　●『土蜘』渡辺綱
7月8～20日ニューヨーク　メトロポリタン・オペラハウス、7月23日～8月4日ワシントン　ケネディ・センター、8月7～11日ロサンゼルス　UCLAローイス・ホール《Aプロ23回、Bプロ15回、計38回公演》
＊訪米公演、十二代目市川團十郎襲名披露

9・1　9・25　歌舞伎座　●『五稜郭共和国　暁天の星』蝦夷地政府箱館奉行永井玄蕃
●『桐一葉』大野道軒　●『船弁慶』武蔵坊弁慶

10・2　10・27　御園座　●『暫』清原武衡　●『勧進帳』亀井六郎
●『十二代目市川團十郎襲名披露口上』　＊十二代目市川團十郎襲名披露

11・3　11・25　国立劇場大劇場　●『鬼一法眼三略巻　一條大蔵卿』八剣勘解由

年号	初日	千穐楽	劇場	●外題・役名	＊備考
	12・2	12・26	国立劇場大劇場	●『一本刀土俵入』波一里儀十	
昭和61（1986）	1・2	1・26	歌舞伎座	●『矢の根』大薩摩文太夫 ●『修禅寺物語』下田五郎景安	
	2・1	2・25	歌舞伎座	●『仮名手本忠臣蔵 四段目、十一段目』薬師寺次郎左衛門、小林平八郎	
	3・2	3・27	歌舞伎座	●『与話情浮名横櫛』和泉屋多左衛門	
	4・1	4・25	歌舞伎座	●『桑名屋徳蔵入船物語』大館勘解由 ●『暗闇の丑松』料理人元締四郎兵衛	
	4・27		歌舞伎座	●『花競夢助六』三浦屋揚巻	＊第二十四回俳優祭
	5・3	5・27	歌舞伎座	●『ひらかな盛衰記 源太勘当』梶原平次景高 ●『甲斐源氏夢旗挙』甲斐の守護職武田三郎信縄（15～27日尾上松緑休演による代役） ●『勧進帳』亀井六郎	
	6・1	6・25	歌舞伎座	●『芦屋道満大内鑑 葛の葉』石川悪右衛門 ●『義経千本桜 すし屋』梶原平三景時	
	6・29	9・26	地方巡業	●『十二代目市川團十郎襲名披露口上』 ●『勧進帳』富樫左衛門	＊十二代目市川團十郎襲名披露
	10・2	10・26	歌舞伎座	●『加賀見山旧錦絵』剣沢弾正 ●『女殺油地獄』兄太兵衛	
	10・31	11・27	地方巡業	●『梶原平三誉石切』大庭三郎景親 ●『御目見得口上』	
	12・1	12・25	歌舞伎座	●『青砥稿花紅彩画 白浪五人男』玉島逸当実は日本駄右衛門 ●『妹背山婦女庭訓 御殿』漁師鱶七実は金輪五郎今国 ●『花街模様薊色縫 十六夜清心』俳諧師白蓮実は大寺正兵衛	
昭和62（1987）	1・2	1・26	歌舞伎座	●『鎌倉三代記』富田六郎 ●『女暫』猪俣平六義延 ●『一條大蔵譚 奥殿』八剣勘解由	
	2・1	2・25	御園座	●『青砥稿花紅彩画 白浪五人男 浜松屋、勢揃い』若党四十八実は南郷力丸	
	3・3	3・27	歌舞伎座	●『曽我綉侠御所染 御所五郎蔵』星影土右衛門	
	3・9		久喜総合文化会館	●『寿式三番叟』翁	＊久喜総合文化会館落成記念柿落し
	4・2	4・26	大阪新歌舞伎座	●『青砥稿花紅彩画 白浪五人男』南郷力丸 ●『菅原伝授手習鑑 車引』舎人松王丸 ●『与話情浮名横櫛』和泉屋多左衛門 ●『土蜘』番卒太郎	

5・3	5・27	歌舞伎座	●『時今也桔梗旗揚』長尾弥太郎俊国 ●『九代目市川團蔵襲名披露口上』 ●『江戸育お祭佐七』倉田伴平	＊九代目市川團蔵襲名披露
6・1	6・26	歌舞伎座	●『親子燈籠』幇間桜川半兵衛 ●『土蜘』平井左衛門尉保昌 ●『名月八幡祭』魚惣	
6・30	7・21	地方巡業	●『一谷嫩軍記　熊谷陣屋』白毫弥陀六実は弥平兵衛宗清	
7・4	7・5	小松市公会堂	●『勧進帳』富樫左衛門	＊勧進帳小松八百年祭
7・9	7・10	康楽館	●『寿式三番叟』翁 ●『一谷嫩軍記　熊谷陣屋』白毫弥陀六実は弥平兵衛宗清	
8・18	9・27	地方巡業	●『極付幡随長兵衛』坂田兵庫之助公平、唐犬権兵衛 ●『お目見得口上』	
10・2	10・27	歌舞伎座	●『鳥辺山心中』坂田市之助 ●『西郷隆盛』大久保利通	
10・30	11・25	地方巡業	●『土屋主税』晋其角 ●『御目見得口上』 ●『身替座禅』奥方玉の井	
12・1	12・25	歌舞伎座	●『二十四時忠臣蔵』小林平八郎 ●『一本刀土俵入』波一里儀十	
昭和63（1988）				
1・2	1・27	歌舞伎座	●『寿曽我対面』鬼王新左衛門 ●『助六由縁江戸桜　三浦屋格子先より水入りまで』口上、通人里暁	
2・2	2・26	歌舞伎座	●『菅原伝授手習鑑　寺子屋』春藤玄蕃	
3・2	3・27	歌舞伎座	●『仮名手本忠臣蔵　道行、十一段目』鷺坂伴内、小林平八郎	
3・29		歌舞伎座	●『歌舞伎ソラエティ　西遊記』牛魔王の妃鯨魔女王 ●『初霞空住吉　かっぽれ』	＊第二十五回俳優祭
4・1	4・25	歌舞伎座	●『仮名手本忠臣蔵　四段目、五段目』薬師寺次郎左衛門、斧定九郎	
5・3	5・27	歌舞伎座	●『青砥稿花紅彩画　白浪五人男』忠信利平	
6・2	6・27	歌舞伎座	●『武田信玄』甲斐の国領主武田信虎 ●『極付幡随長兵衛』坂田兵庫之助公平	
6・29	8・12	地方巡業	●『一谷嫩軍記　熊谷陣屋』白毫弥陀六実は弥平兵衛宗清 ●『九代目坂東三津五郎・五代目坂東秀調襲名披露口上』	＊九代目坂東三津五郎・五代目坂東秀調襲名披露
8・30	9・23	地方巡業	●『出世景清』悪七兵衛景清	＊近松座第七回公演

年号	初日	千穐楽	劇場	●外題・役名	＊備考
	10・1	10・25	歌舞伎座	●『近江源氏先陣館 盛綱陣屋』北條時政	
	10・2	10・27	新橋演舞場	●『逢魔が恋暦 唐版おさん茂兵衛』道喜	
	11・4	11・27	国立劇場大劇場	●『桐一葉』織田常真 ●『身替座禅』奥方玉の井	
	12・1	12・26	歌舞伎座	●『若き日の信長』今川義元間者僧覚円 ●『与話情浮名横櫛』和泉屋多左衛門 ●『於染久松色読販 お染の七役』山家屋清兵衛	
平成元（1989）	1・2	1・26	歌舞伎座	●『恋女房染分手綱 重の井子別れ』本田弥三左衛門	
	2・2	2・26	歌舞伎座	●『義経腰越状 五斗三番叟』錦戸太郎 ●『重扇縁絵競 額抜け 音羽座芝居前』新中納言知盛 ●『神明恵和合取組 め組の喧嘩』九竜山浪右衛門	
	3・3	3・27	歌舞伎座	●『人情噺文七元結』和泉屋清兵衛 ●『女殺油地獄』豊嶋屋七左衛門 ●『棒しばり』曽根松兵衛	
	4・2	4・26	歌舞伎座	●『一本刀土俵入』波一里儀十	
	5・3	5・27	中座	●『新版歌祭文 野崎村』百姓久作 ●『新皿屋舗月雨暈 魚屋宗五郎』家老浦戸十左衛門 ●『梅雨小袖昔八丈 髪結新三』弥太五郎源七	
	6・4	6・28	新橋演舞場	●『伊勢音頭恋寝刃』藤浪左膳、油屋お鹿 ●『茨木』士卒軍藤	
	7・1	8・12	地方巡業	●『恋飛脚大和往来 封印切』槌屋治右衛門 ●『お目見得口上』 ●『身替座禅』奥方玉の井	
	9・1	9・25	歌舞伎座	●『五大力恋緘』若党八右衛門 ●『一谷嫩軍記 熊谷陣屋』白毫弥陀六実は弥平兵衛宗清 ●『夏祭浪花鑑』一寸徳兵衛	
	10・3	10・24	海外公演	●『棒しばり』大名 ●『一谷嫩軍記 熊谷陣屋』白毫弥陀六実は弥平兵衛宗清 3～8日ブリュッセル 国立オペラ・モネ劇場、11・12日東ベルリン フリードリッヒ劇場、15・16日ドレスデン ゼンパーオペラ劇場、20～24日ウィーン 国立歌劇場《計15回公演》	＊訪欧公演
	11・1	11・25	歌舞伎座	●『孤松は語らず 大津事件始末記』内務大臣西郷従道	
	11・2	11・25	新橋演舞場	●『仮名手本忠臣蔵 四段目、六段目』薬師寺次郎左衛門、不破数右衛門	

12・1 12・25 歌舞伎座 ●『義経千本桜 渡海屋、大物浦』相模五郎 ●『平家女護島 俊寛』瀬尾十郎兼康 ●『明烏夢泡雪』山名屋四郎兵衛

平成2(1990)

1・2 1・27 浅草公会堂 ●『高坏』大名 ●『曽我綉侠御所染 御所五郎蔵』星影土右衛門

2・2 2・25 新橋演舞場 ●『信長とお山の方』柴田勝家

3・4 3・28 歌舞伎座 ●『時今也桔梗旗揚』小田上総介春永 ●『鰯賣戀曳網』遁世者海老名なあみだぶつ ●『雪暮夜入谷畦道』暗闇の丑松

4・1 4・25 歌舞伎座 ●『女暫』成田五郎房本 ●『五世中村歌右衛門五十年祭追善口上』 ●『沓手鳥孤城落月』庖丁頭大住与左衛門

5・2 5・27 歌舞伎座 ●『慶喜命乞』覚王院義親 ●『曽我綉俠御所染 御所五郎蔵』門弟蟹塚素平 ●『六代目尾上松助襲名披露口上』 ●『芝浜革財布』友達大工勘太郎 ＊六代目尾上松助襲名披露

6・2 6・26 中座 ●『女形の歯 三代目田之助』相模屋政五郎 ●『弁天娘女男白浪 浜松屋、勢揃い』若党四十八実は南郷力丸

8・2 8・26 歌舞伎座 ●『名月八幡祭』魚惣 ●『真景累ヶ淵 豊志賀の死』新吉の伯父勘蔵

8・27 8・28 沖縄コンベンション劇場 ●『口上』●『勧進帳』武蔵坊弁慶 ＊沖縄コンベンション劇場落成記念

9・1 9・25 歌舞伎座 ●『毛抜』家老八剣玄蕃 ●『江戸育お祭佐七』倉田伴平

10・1 10・25 歌舞伎座 ●『花街模様薊色縫 十六夜清心』俳諧師白蓮実は大寺正兵衛

10・27 国立劇場小劇場 ●『吉例はじめ式 鎧三番叟』座元 ＊團蔵の会

11・1 11・25 歌舞伎座 ●『寿曽我対面』小林朝比奈 ●『三代目中村鴈治郎襲名披露口上』 ＊三代目中村鴈治郎襲名披露

12・1 12・25 歌舞伎座 ●『一本刀土俵入』波一里儀十

12・26 歌舞伎座 ●『連獅子』僧遍念 ＊伝統文化鑑賞の夕べ

平成3(1991)

1・2 1・27 浅草公会堂 ●『菅原伝授手習鑑 車引』舎人松王丸 ●『与話情浮名横櫛』和泉屋多左衛門

2・2 2・26 歌舞伎座 ●『仮名手本忠臣蔵 四段目、五段目』薬師寺次郎左衛門、斧定九郎

年号	初日	千穐楽	劇場	●外題・役名	＊備考
	3・2	3・26	歌舞伎座	●『女鳴神』佐久間玄蕃盛政（12～17日休演）●『其小唄夢廓 権八小紫』検使米津隼人（11～17日休演）●『平家蟹』旅僧雨月実は弥平兵衛宗清（11～16日休演）●『助六曲輪初花桜』髭の意休実は伊賀平内左衛門（11～16日休演）	
	4・13	4・25	金丸座	●『双蝶々曲輪日記 引窓』濡髪長五郎 ●『身替座禅』奥方玉の井 ●『松浦の太鼓』宝井其角	
	6・4	6・28	新橋演舞場	●『与話情浮名横櫛』蝙蝠の安五郎 ●『梅ごよみ』千葉藤兵衛	
	7・28	7・29	国立劇場大劇場	●『女大盃』家老石川内蔵之進 ●『花乃宿』奥方篠の井	＊第三回宗十郎古典復活の会
	8・10	8・11	国立劇場大劇場	●『春日龍神』鯰の髭長	＊第四回矢車会
	8・17	8・28	歌舞伎座	●『苅萱桑門筑紫轢 いもり酒』新洞左衛門 ●『太刀盗人』目代丁字左衛門 ●『源平布引滝 実盛物語』瀬尾十郎兼氏	
	9・1	9・25	歌舞伎座	●『十五夜物語』名主作兵衛 ●『傾城反魂香 吃又』土佐将監光信	
	10・1	10・25	御園座	●『菅原伝授手習鑑 車引』舎人松王丸 ●『伊賀越道中双六 沼津』池添孫八 ●『道行旅路の花聟 落人』鷺坂伴内 ●『三代目中村鴈治郎襲名披露口上』 ●『曽我綉俠御所染 御所五郎蔵』甲屋与五郎	＊三代目中村鴈治郎襲名披露
	11・1	11・25	歌舞伎座	●『素襖落』大名某 ●『平家女護島 俊寛』瀬尾太郎兼康	
	11・27		歌舞伎座	●『近江源氏先陣館 盛綱陣屋』北條時政	＊第二回勘九郎の会
	11・30	12・24	南座	●『一谷嫩軍記 熊谷陣屋』白毫弥陀六実は弥平兵衛宗清 ●『南座新装開場披露、三代目中村鴈治郎襲名披露口上』 ●『釣女』太郎冠者	＊三代目中村鴈治郎襲名披露
平成4（1992）	1・2	1・26	歌舞伎座	●『御存鈴ヶ森』雲助東海の勘蔵	
	1・2	1・27	浅草公会堂	●『鬼一法眼三略巻 菊畑』吉岡鬼一法眼	
	2・1	2・24	南座	●『江戸絵両国八景 荒川の佐吉』浪人成川郷右衛門 ●『与話情浮名横櫛』蝙蝠の安五郎	
	3・1	3・25	新橋演舞場	●『橋弁慶』武蔵坊弁慶 ●『女殺油地獄』豊嶋屋七左衛門 ●『絵本合法衢 立場の太平次』高橋瀬左衛門	

3・28	歌舞伎座	●『裏表芝居賑』お蔦 ＊第二十七回俳優祭
4・4 4・25	国立劇場大劇場	●『盟三五大切』賤ヶ谷伴右衛門実はごろつき勘九郎
5・3 5・27	歌舞伎座	●『坂崎出羽と千姫』柳生但馬守 ●『助六由縁江戸桜』髭の意休実は伊賀平内左衛門
5・28	歌舞伎座	●『傾城道成寺』中山寺住僧 ＊雀右衛門の会第十三回公演
6・1 6・25	歌舞伎座	●『樽屋おせん』鮓屋久七 ●『江戸絵両国八景 荒川の佐吉』浪人成川郷右衛門 ●『東海道四谷怪談』按摩宅悦
7・2 7・26	中座	●『夏祭浪花鑑』釣舟三婦 ●『傾城反魂香』土佐将監光信 ●『棒しばり』曽根松兵衛
8・1 8・25	歌舞伎座	●『義経千本桜 鳥居前、渡海屋、大物浦、すし屋』武蔵坊弁慶、梶原平三景時
10・2 10・26	南座	●『平家女護島 俊寛』瀬尾太郎兼康 ●『眠駱駝物語 らくだ』家主佐兵衛 ●『青砥稿花紅彩画 白浪五人男』南郷力丸
11・5 11・27	国立劇場大劇場	●『謎帯一寸徳兵衛』一寸徳兵衛
11・29 12・26	南座	●『時今也桔梗旗揚』四王天但馬守 ●『助六由縁江戸桜』髭の意休実は伊賀平内左衛門

平成5(1993)

1・2 1・26	歌舞伎座	●『一條大蔵譚 檜垣、奥殿』吉岡鬼次郎幸胤 ●『雪暮夜入谷畦道』暗闇の丑松 ●『与話情浮名横櫛』蝙蝠の安五郎
1・31 2・24	南座	●『新版歌祭文 野崎村』百姓久作 ●『船弁慶』武蔵坊弁慶 ●『研辰の討たれ』僧良観 ●『本朝廿四孝 十種香』長尾謙信
3・1 3・26	歌舞伎座	●『おちくぼ物語』源中納言 ●『菅原伝授手習鑑 寺子屋』春藤玄蕃 ●『天衣紛上野初花 河内山』家老高木小左衛門
4・1 4・25	明治座	●『暫』成田五郎義秀 ●『一谷嫩軍記 熊谷陣屋』白毫弥陀六実は弥平兵衛宗清 ●『新装開場披露口上』●『弁天娘女男白浪 浜松屋、勢揃い』若党四十八実は南郷力丸
5・3 5・27	歌舞伎座	●『外郎売』小林朝比奈 ●『茨木』家臣宇源太 ●『燈台鬼』遣唐使高階遠成

年号	初日	千穐楽	劇場	●外題・役名	＊備考
	6・1	6・26	歌舞伎座	●『彦山権現誓助剱　毛谷村』微塵弾正実は京極内匠 ●『素襖落』大名某 ●『伽羅先代萩　床下、対決、刃傷』荒獅子男之助、渡辺外記左衛門	
	7・1	7・25	中座	●『滑稽俄安宅新関』富樫左衛門 ●『真景累ヶ淵　豊志賀の死』新吉の伯父勘蔵 ●『敵討天下茶屋聚』東間三郎右衛門	
	8・7	8・8	国立劇場大劇場	●『碁太平記白石噺』大黒屋惣六 ●『邯鄲枕物語　艪清の夢』横島伴蔵、盗賊唯九郎	＊第五回宗十郎の会
	8・18	9・25	地方巡業	●『仮名手本忠臣蔵　五段目、六段目』斧定九郎、不破数右衛門 ●『お目見得口上』	
	10・1	10・25	御園座	●『神明恵和合取組　め組の喧嘩』九竜山浪右衛門 ●『助六由縁江戸桜』髭の意休実は伊賀平内左衛門	＊二代目尾上辰之助・六代目尾上松助襲名披露
	10・28		歌舞伎座	●『宵祭狐の正次』伊勢屋久蔵	＊第三回勘九郎の会
	11・1	11・25	歌舞伎座	●『忠直卿行状記』国老小山丹後 ●『勧進帳』武蔵坊弁慶（16～20日中村富十郎休演による代役） ●『与話情浮名横櫛』蝙蝠の安五郎 ●『源平魁躑躅　扇屋熊谷』扇屋上総大掾 ●『松竹梅湯島掛額』紅屋長兵衛（16～20日中村富十郎休演による代役）	
	12・2	12・26	歌舞伎座	●『神霊矢口渡』渡し守頓兵衛 ●『於染久松色読販　お染の七役』山家屋清兵衛	
平成6（1994）	1・2	1・26	歌舞伎座	●『平家女護島　俊寛』瀬尾太郎兼康 ●『新版歌祭文　野崎村』百姓久作 ●『一條大蔵譚　檜垣、奥殿』八剣勘解由 ●『弥栄芝居賑　猿若座芝居前』男伊達高島屋荒五郎	
	1・27		群馬音楽センター	●『与話情浮名横櫛』和泉屋多左衛門	＊井上工業創業一五〇周年記念
	2・1	2・25	中座	●『信州川中島　輝虎配膳』（六代目上村吉弥襲名披露狂言）直江山城守実綱 ●『島の内行燈』もたせの佐吉 ●『男の花道』土生玄碩 ●『乗合船恵方萬歳』通人杏雨	
	3・2	3・26	歌舞伎座	●『たぬき』太鼓持蝶作 ●『須磨の写絵』漁師此兵衛	
	4・5	4・21	金丸座	●『芦屋道満大内鑑　葛の葉』信田庄司 ●『金刀比羅利生記　花上野誉碑　志渡寺』森口源太左衛門	
	4・27	4・28	三珠町歌舞伎文化公園	●『勧進帳』富樫左衛門	＊山梨県三珠町歌舞伎文化公園竣工記念

5・26		歌舞伎座	●『浪底滑稽親睦会』ナンバーワンホステス人魚姫	＊第二十八回俳優祭
5・28		南座	●『身替座禅』奥方玉の井	＊第六回矢車会
6・2	6・26	歌舞伎座	●『妹背山婦女庭訓 御殿』漁師鱶七実は金輪五郎今国 ●『籠釣瓶花街酔醒』下男治六	
8・3	8・24	歌舞伎座	●『毛抜』粂寺弾正 ●『新皿屋舗月雨暈 魚屋宗五郎』家老浦戸十左衛門 ●『平家女護島 俊寛』瀬尾太郎兼康 ●『素襖落』大名某	
8・28		歌舞伎座	●『棒しばり』大名	＊第九回演劇人祭
9・15	9・18	地方巡業	●『艶容女舞衣』宗岸 ●『御目見得口上』 ●『釣女』醜女	＊出雲阿国歌舞伎'94、阿国座再建
10・27		歌舞伎座	●『土蜘』平井左衛門尉保昌 ●『本朝廿四孝 十種香』原小文治	＊第六回羽衣会
10・30	11・18	地方巡業	●『修禅寺物語』面作師夜叉王 ●『お目見得口上』	
12・2	12・26	歌舞伎座	●『上州土産百両首』御用聞隼の勘次 ●『芝浜革財布』友達大工勘太郎	
平成7（1995）				
1・2	1・27	歌舞伎座	●『弁天娘女男白浪 勢揃い』忠信利平 ●『助六由縁江戸桜』髭の意休実は伊賀平内左衛門	
2・1	2・25	歌舞伎座	●『仮名手本忠臣蔵 四段目、五段目、六段目』薬師寺次郎左衛門、千崎弥五郎	
3・3	3・27	新橋演舞場	●『鬼平犯科帳 血闘』五郎蔵	
4・1	4・25	御園座	●『神霊矢口渡』渡し守頓兵衛 ●『素襖落』太刀持鈍太郎 ●『鰯賣戀曳網』遁世者海老名なあみだぶつ ●『本朝廿四孝 十種香』原小文治 ●『青砥稿花紅彩画 白浪五人男 浜松屋、勢揃い』若党四十八実は南郷力丸	
5・9	5・13	厳島神社	●『楊貴妃』方士	＊厳島神社御創建一四〇〇年式年大祭記念 坂東玉三郎舞踊公演
5・28		歌舞伎座	●『義経千本桜 すし屋』（天地会）娘お里	＊第二十九回俳優祭
6・4	6・27	南座	●『鬼平犯科帳 血闘』五郎蔵	
7・2	7・27	中座	●『人情噺文七元結』和泉屋清兵衛 ●『菅原伝授手習鑑 寺子屋』春藤玄蕃 ●『名月八幡祭』魚惣	

年号	初日	千穐楽	劇場	●外題・役名	*備考
平成8(1996)	1・2	1・26	歌舞伎座	●『梶原平三誉石切』大庭三郎景親	
	2・1	2・26	新橋演舞場	●『一本刀土俵入』波一里儀十 ●『新書太閤記』柴田勝家	
	2・29		NHKホール	●『本朝廿四孝 十種香』原小文治	*第二十二回NHK古典芸能鑑賞会
	3・2	3・26	歌舞伎座	●『夕霧伊左衛門 廓文章 吉田屋』吉田屋喜左衛門 ●『梅ごよみ』千葉藤兵衛	
	4・1	4・25	御園座	●『一本刀土俵入』船印彫師辰三郎	
	5・3	5・27	歌舞伎座	●『弁天娘女男白浪 勢揃い』忠信利平 ●『神明恵和合取組 め組の喧嘩』四ツ車大八	*五代目尾上菊之助襲名披露
	5・28	5・29	御園座	●『楊貴妃』方士	*坂東玉三郎舞踊公演
	7・3	7・28	銀座セゾン劇場	●『ふるあめりかに袖はぬらさじ』岩亀楼主人	
	7・28		歌舞伎座	●『土蜘』平井左衛門尉保昌	*第八回矢車会
	9・5	9・22	海外公演	●『平家女護島 俊寛』瀬尾太郎兼康 5〜8日ダラス マジェスティック劇場、10・11日ヒューストン ジョーンズホール劇場、14・15日バークレー ゼラーバッハ・オディトリアム劇場、19〜22日ロサンゼルス ウィルターン劇場《計15回公演》	*一九九六年訪アメリカ歌舞伎公演
	10・1	10・25	御園座	●『近江源氏先陣館 盛綱陣屋』和田兵衛秀盛 ●『五代目尾上菊之助襲名披露口上』	*五代目尾上菊之助襲名披露
	11・1	11・25	歌舞伎座	●『平家女護島 俊寛』瀬尾太郎兼康 ●『沓手鳥孤城落月』庖丁頭大住与左衛門 ●『乗合船恵方萬歳』才造亀吉	
	12・1	12・24	中日劇場	●『天守物語』朱の盤坊	
平成9(1997)	1・3	1・27	国立劇場大劇場	●『壇浦兜軍記 二人景清と阿古屋琴責』箕尾谷四郎国時	
	1・28		富山オーバードホール	●『白浪五人男』玉島逸当実は日本駄右衛門	*オーバードホール開場記念
	2・1	2・25	歌舞伎座	●『江戸の夕映』旗本堂前大吉 ●『勧進帳』常陸坊海尊 ●『雪暮夜入谷畦道』暗闇の丑松	
	3・2	3・27	大阪松竹座	●『近江源氏先陣館 盛綱陣屋』北條時政	

	4・2　4・27	大阪松竹座	●『寿曽我対面』鬼王新左衛門 ●『ぢいさんばあさん』下嶋甚右衛門 ●『弁天娘女男白浪 勢揃い』忠信利平	
	5・3　5・27	歌舞伎座	●『時今也桔梗旗揚』小田上総介春永 ●『四千両小判梅葉』浜田左内 ●『恋女房染分手綱 重の井子別れ』入間家家老本田弥三左衛門 ●『軒端の蝙蝠』佐渡屋徳蔵	
	5・28	歌舞伎座	●『白雪姫』七人の童	＊第三十回記念俳優祭
	5・30　5・31	えさし藤原の郷政庁特設舞台	●『勧進帳』武蔵坊弁慶	＊みちのくえさし藤原の郷歌舞伎公演
	7・2　7・27	大阪松竹座	●『新版歌祭文 野崎村』百姓久作 ●『土蜘』平井左衛門尉保昌 ●『女形の歯』澤村訥升	
	9・3　9・27	南座	●『祇園恋づくし』持丸屋太兵衛 ●『義経千本桜 すし屋』梶原平三景時	
	10・2　10・26	歌舞伎座	●『盟三五大切』家主くり廻しの弥助実は神谷下部土手平 ●『加賀見山旧錦絵』剣沢弾正	
	10・28　11・25	地方巡業	●『彦山権現誓助剱 毛谷村』毛谷村六助 ●『お目見得口上』	
	11・28	歌舞伎座	●『本朝廿四孝 十種香』長尾謙信 ●『西鶴置土産』錫の重右衛門	＊第一回藤十郎の会
	11・30　12・26	南座	●『嫗山姥』太田太郎 ●『平家女護島 俊寛』瀬尾太郎兼康	
平成10（1998）	1・2　1・26	歌舞伎座	●『十五代目片岡仁左衛門襲名披露口上』 ●『菅原伝授手習鑑 寺子屋』春藤玄蕃	＊十五代目片岡仁左衛門襲名披露
	2・1　2・26	歌舞伎座	●『女暫』成田五郎房本 ●『十五代目片岡仁左衛門襲名披露口上』 ●『助六曲輪初花桜』朝顔仙平	＊十五代目片岡仁左衛門襲名披露
	3・2　3・26	歌舞伎座	●『仮名手本忠臣蔵 四段目、五段目、六段目』石堂右馬之丞、千崎弥五郎	
	4・2　4・26	大阪松竹座	●『暫』成田五郎義秀 ●『十五代目片岡仁左衛門襲名披露口上』	＊十五代目片岡仁左衛門襲名披露
	5・1　5・25	大阪松竹座	●『将軍江戸を去る』高橋伊勢守寛猛 ●『鰯賣戀曳網』遁世者海老名なあみだぶつ ●『十五代目片岡仁左衛門襲名披露口上』 ●『助六曲輪初花桜』朝顔仙平	＊十五代目片岡仁左衛門襲名披露
	5・29	NHKホール	●『源平布引滝 実盛物語』瀬尾十郎兼氏	＊第二十五回NHK古典芸能鑑賞会
	6・2　6・26	歌舞伎座	●『祇園祭礼信仰記 金閣寺』十河軍平実は佐藤正清 ●『平家女護島 俊寛』瀬尾太郎兼康 ●『日本振袖始』素盞嗚尊	

年号	初日	千穐楽	劇場	●外題・役名	＊備考
	6・29	7・31	地方巡業	●『毛抜』粂寺弾正 ●『お目見得口上』	
	10・1	10・25	御園座	●『義経千本桜 吉野山』早見藤太 ●『十五代目片岡仁左衛門襲名披露口上』 ●『助六曲輪初花桜』髭の意休実は伊賀平内左衛門	＊十五代目片岡仁左衛門襲名披露
	11・3	11・27	大阪松竹座	●『花桐いろは』近松徳三 ●『一本刀土俵入』波一里儀十 ●『松竹梅湯島掛額』釜屋武兵衛	
	12・2	12・26	歌舞伎座	●『碁太平記白石噺』大黒屋惣六 ●『蜘蛛の拍子舞』碓井貞光 ●『国性爺合戦』父老一官	
平成11（1999）	1・2	1・26	歌舞伎座	●『梶原平三誉石切』青貝師六郎太夫 ●『曽我綉俠御所染 御所五郎蔵』星影土右衛門 ●『楼門五三桐』石川五右衛門（19～26日市村羽左衛門休演による代役） ●『天衣紛上野初花 河内山』家老高木小左衛門	
	2・1	2・25	大阪松竹座	●『人情噺文七元結』和泉屋清兵衛 ●『隅田川続俤 法界坊』道具屋甚三、大館左馬五郎照剛	
	3・2	3・26	歌舞伎座	●『ひらかな盛衰記 逆櫓』漁師権四郎 ●『ぢいさんばあさん』下嶋甚右衛門 ●『天守物語』朱の盤坊	
	4・1	4・25	御園座	●『若き日の信長』平手中務政秀 ●『新皿屋舗月雨暈 魚屋宗五郎』家老浦戸十左衛門 ●『青砥稿花紅彩画 白浪五人男』玉島逸当実は日本駄右衛門	
	5・2	5・26	歌舞伎座	●『土蜘』平井左衛門尉保昌 ●『梅雨小袖昔八丈 髪結新三』弥太五郎源七 ●『御存鈴ヶ森』雲助東海の勘蔵 ●『人情噺文七元結』和泉屋清兵衛	
	6・3	6・27	博多座	●『与話情浮名横櫛』和泉屋多左衛門 ●『弁天娘女男白浪 浜松屋、勢揃い』若党四十八実は南郷力丸	
	6・29	9・26	地方巡業	●『十五代目片岡仁左衛門襲名披露口上』 ●『双蝶々曲輪日記 引窓』濡髪長五郎 ●『夕霧伊左衛門 廓文章 吉田屋』吉田屋喜左衛門	＊十五代目片岡仁左衛門襲名披露
	10・2	10・26	歌舞伎座	●『茶壺』田舎者麻胡六 ●『源平布引滝 実盛物語』瀬尾十郎兼氏	
	11・1	11・27	中日劇場	●『浪花女奮闘記 まかしときなはれ』早瀬千三郎、宮原伝吉	＊中村玉緒特別公演
	11・30	12・26	南座	●『曽我綉俠御所染 御所五郎蔵』星影土右衛門 ●『新皿屋舗月雨暈 魚屋宗五郎』家老浦戸十左衛門	

平成12(2000)

1・2　1・27　新橋演舞場　●『弁天娘女男白浪 浜松屋、勢揃い』若党四十八実は南郷力丸　●『助六由縁江戸桜』髭の意休実は伊賀平内左衛門

2・2　2・26　歌舞伎座　●『三人吉三巴白浪』土左衛門伝吉　●『一谷嫩軍記 熊谷陣屋』白毫弥陀六実は弥平兵衛宗清

3・3　3・28　日生劇場　●『海神別荘』沖の僧都

3・27　歌舞伎座　●『鯛多二九波濤泡 タイタニック』演歌歌手(夜のみ)　＊第三十一回二〇〇〇年記念 俳優祭

4・2　4・26　歌舞伎座　●『平家女護島 俊寛』瀬尾太郎兼康　●『十七代目中村勘三郎十三回忌追善口上』●『鰯賣戀曳網』遁世者海老名なあみだぶつ

5・3　5・27　歌舞伎座　●『源氏物語』左大臣　●『都鳥廓白浪』按摩宵寝の丑市

6・2　6・26　博多座　●『鳥辺山心中』坂田市之助　●『天衣紛上野初花 河内山』家老高木小左衛門　●『平家女護島 俊寛』瀬尾太郎兼康　●『新皿屋舗月雨暈 魚屋宗五郎』宗五郎父太兵衛

6・29　7・30　地方巡業　●『梶原平三誉石切』大庭三郎景親　＊十五代目片岡仁左衛門襲名披露

10・1　10・27　新橋演舞場　●『浪花女奮闘記 まかしときなはれ』早瀬千三郎、宮原伝吉

11・1　11・25　歌舞伎座　●『梶原平三誉石切』大庭三郎景親　●『ひらかな盛衰記 逆櫓』漁師権四郎　●『眠駱駝物語 らくだ』家主佐兵衛

11・30　12・26　南座　●『寿曽我対面』工藤左衛門祐経　●『身替座禅』奥方玉の井　●『源平布引滝 実盛物語』瀬尾十郎兼氏

12・31　東京国際フォーラムホールA　●『世界劇 源氏物語』右大臣　＊千年絵巻ライブ

平成13(2001)

1・2　1・26　歌舞伎座　●『一谷嫩軍記 熊谷陣屋』白毫弥陀六実は弥平兵衛宗清　＊十代目坂東三津五郎襲名披露　●『曽我綉侠御所染 御所五郎蔵』星影土右衛門　●『源平布引滝 実盛物語』瀬尾十郎兼氏　●『十代目坂東三津五郎襲名披露口上』

2・1　2・25　歌舞伎座　●『花街模様薊色縫 十六夜清心』俳諧師白蓮実は大寺正兵衛　●『女暫』成田五郎房本　●『十代目坂東三津五郎襲名披露口上』　●『神明恵和合取組 め組の喧嘩』九竜山浪右衛門　＊十代目坂東三津五郎襲名披露

3・2　3・26　新橋演舞場　●『仮名手本忠臣蔵 大序、三段目、六段目』高武蔵守師直、原郷右衛門

4・7　4・22　金丸座　●『新版歌祭文 野崎村』百姓久作　●『戻駕色相肩』浪花の次郎作実は石川五右衛門　●『神霊矢口渡』渡し守頓兵衛

年号	初日	千穐楽	劇場	●外題・役名	*備考
	5・3	5・27	歌舞伎座	●『摂州合邦辻』奴入平	
	6・4	6・28	新橋演舞場	●『蜘蛛巣城』三木義明	
	7・2	7・27	大阪松竹座	●『身替座禅』奥方玉の井 ●『平家女護島 俊寛』瀬尾太郎兼康	
	9・2	9・26	新橋演舞場	●『たぬき』太鼓持蝶作 ●『築山殿始末』酒井忠次	
	10・1	10・25	御園座	●『一谷嫩軍記 熊谷陣屋』白毫弥陀六実は弥平兵衛宗清 ●『十代目坂東三津五郎襲名披露口上』 ●『義経千本桜 吉野山』早見藤太 ●『与話情浮名横櫛』和泉屋多左衛門	*十代目坂東三津五郎襲名披露
	11・1	11・25	歌舞伎座	●『宮島のだんまり』平相国清盛 ●『鬼一法眼三略巻 菊畑』吉岡鬼一法眼(12〜25日中村富十郎休演による代役) ●『戻駕色相肩』(二代目中村亀鶴襲名披露狂言) 浪花の次郎作実は石川五右衛門(12〜25日中村富十郎休演による代役) ●『恋飛脚大和往来 封印切』槌屋治右衛門 ●『茨木』士卒運藤	
	11・30	12・26	南座	●『双蝶々曲輪日記 引窓』濡髪長五郎 ●『十代目坂東三津五郎襲名披露口上』 ●『助六桜の二重帯』髭の意休	*十代目坂東三津五郎襲名披露
平成14(2002)	1・2	1・26	歌舞伎座	●『一谷嫩軍記 熊谷陣屋』白毫弥陀六実は弥平兵衛宗清 ●『人情噺文七元結』和泉屋清兵衛	
	2・3	2・27	歌舞伎座	●『菅原伝授手習鑑 道明寺、賀の祝』宿禰太郎、白太夫	
	3・3	3・27	歌舞伎座	●『平家女護島 俊寛』瀬尾太郎兼康 ●『花街模様薊色縫 十六夜清心』俳諧師白蓮実は大寺正兵衛	
	4・1	4・26	大阪新歌舞伎座	●『浪花女奮闘記 まかしときなはれ』 早瀬千三郎、宮原伝吉	*中村玉緒特別公演
	4・28		歌舞伎座	●『新版歌祭文 野崎村』(天地会)油屋娘お染	*第三十二回俳優祭
	5・3	5・27	歌舞伎座	●『義経千本桜 川連法眼館』川連法眼 ●『四代目尾上松緑襲名披露口上』	*四代目尾上松緑襲名披露

	6・2	6・26	博多座	●『梶原平三誉石切』大庭三郎景親 ●『菅原伝授手習鑑 車引』舎人梅王丸 ●『曽我綉俠御所染 御所五郎蔵』星影土右衛門
	6・29	7・31	地方巡業	●『毛抜』粂寺弾正
	9・2	9・25	新橋演舞場	●『鶴賀松千歳泰平 上意討ち』浅井帯刀
	10・1	10・25	御園座	●『彦山権現誓助剱 毛谷村』微塵弾正実は京極内匠 ●『寿曽我対面』鬼王新左衛門 ●『四代目尾上松緑襲名披露口上』●『土蜘』平井左衛門尉保昌 ＊四代目尾上松緑襲名披露
	11・1	11・25	歌舞伎座	●『松浦の太鼓』宝井其角
	11・30	12・26	南座	●『木村長門守 血判取』徳川家康 ●『菅原伝授手習鑑 車引』藤原時平公 ●『四代目尾上松緑襲名披露口上』 ＊四代目尾上松緑襲名披露
平成15(2003)	1・2	1・26	歌舞伎座	●『助六由縁江戸桜』髭の意休実は伊賀平内左衛門(9～14日休演)
	3・2	3・26	歌舞伎座	●『傾城反魂香』土佐将監光信 ●『与話情浮名横櫛』和泉屋多左衛門
	4・1	4・25	歌舞伎座	●『国性爺合戦』父老一官 ●『人間万事金世中』毛織五郎右衛門
	5・2	5・26	歌舞伎座	●『源平布引滝 実盛物語』百姓九郎助 ●『四代目河原崎権十郎・六代目片岡市蔵・六代目市川男女蔵襲名披露口上』 ●『暫』清原武衡 ●『梅雨小袖昔八丈 髪結新三』家主長兵衛 ●『初霞空住吉 かっぽれ』欣坊主 ＊四代目河原崎権十郎・六代目片岡市蔵・六代目市川男女蔵襲名披露、七代目市川男寅初舞台
	6・1	6・25	歌舞伎座	●『曽我綉俠御所染 時鳥殺し 御所五郎蔵』星影土右衛門
	10・1	10・25	歌舞伎座	●『盟三五大切』家主くり廻しの弥助実は民谷下部土手平
	11・1	11・25	歌舞伎座	●『梶原平三誉石切』大庭三郎景親 ●『船弁慶』舟人岩作 ●『近江源氏先陣館 盛綱陣屋』和田兵衛秀盛
	12・2	12・26	歌舞伎座	●『源平布引滝 実盛物語』瀬尾十郎兼氏 ●『素襖落』大名某
平成16(2004)	2・1	2・25	歌舞伎座	●『市原野のだんまり』袴垂保輔 ●『三人吉三巴白浪』土左衛門伝吉
	3・2	3・26	歌舞伎座	●『義経千本桜 すし屋』梶原平三景時

年号	初日	千穐楽	劇場	●外題・役名	＊備考
	4・2	4・26	歌舞伎座	●『義経千本桜 渡海屋、大物浦』武蔵坊弁慶	
	4・27		歌舞伎座	●『連鎖劇 奈落 歌舞伎座の怪人』口番のおっさん ●『滑稽俄安宅珍関』巡礼おつる	＊第三十三回俳優祭
	5・1	5・25	歌舞伎座	●『十一代目市川海老蔵襲名披露口上』 ●『暫』成田五郎義秀	＊十一代目市川海老蔵襲名披露
	6・1	6・26	歌舞伎座	●『十一代目市川海老蔵襲名披露口上』 ●『助六由縁江戸桜』髭の意休実は伊賀平内左衛門	＊十一代目市川海老蔵襲名披露
	8・1	8・26	新橋演舞場	●『狐の呉れた赤ん坊 ちゃんの肩ぐるま』賀太野山	＊舟木一夫八月特別公演
	10・2	10・26	歌舞伎座	●『都鳥廓白浪』按摩宵寝の丑市 ●『源平布引滝 実盛物語』瀬尾十郎兼氏	
	11・1	11・25	歌舞伎座	●『芦屋道満大内鑑 葛の葉』信田庄司 ●『天衣紛上野初花 河内山』家老高木小左衛門	
	11・30	12・26	南座	●『身替座禅』太郎冠者 ●『十一代目市川海老蔵襲名披露口上』 ●『助六由縁江戸桜』髭の意休実は伊賀平内左衛門	＊十一代目市川海老蔵襲名披露
平成17（2005）	1・2	1・26	歌舞伎座	●『梶原平三誉石切』大庭三郎景親	
	1・2	1・26	新橋演舞場	●『人情噺文七元結』家主甚八 ●『曽我綉侠御所染 御所五郎蔵』星影土右衛門	
	2・1	2・25	歌舞伎座	●『義経腰越状 五斗三番叟』泉三郎忠衡 ●『神楽諷雲井曲毬 どんつく』門礼者	
	3・3	3・27	歌舞伎座	●『十八代目中村勘三郎襲名披露口上』 ●『鰯賣戀曳網』遁世者海老名なあみだぶつ	＊十八代目中村勘三郎襲名披露
	4・1	4・25	歌舞伎座	●『京鹿子娘道成寺』所化普文坊 ●『与話情浮名横櫛』蝙蝠安 ●『十八代目中村勘三郎襲名披露口上』	＊十八代目中村勘三郎襲名披露
	5・3	5・27	歌舞伎座	●『菅原伝授手習鑑 車引』藤原時平公 ●『弥栄芝居賑 中村座芝居前』男伊達高島屋左團次 ●『義経千本桜 川連法眼館』川連法眼	＊十八代目中村勘三郎襲名披露

6・2	6・26	博多座	●『十一代目市川海老蔵襲名披露口上』●『助六由縁江戸桜』髭の意休実は伊賀平内左衛門	＊十一代目市川海老蔵襲名披露
7・7	7・31	歌舞伎座	●『NINAGAWA十二夜』左大弁洞院鐘道	
9・2	9・26	歌舞伎座	●『平家蟹』旅僧雨月実は弥平兵衛宗清	
10・2	10・26	歌舞伎座	●『加賀見山旧錦絵』剣沢弾正 ●『双蝶々曲輪日記 引窓』濡髪長五郎	
11・1	11・25	歌舞伎座	●『一谷嫩軍記 熊谷陣屋』白毫弥陀六実は弥平兵衛宗清	
12・3	12・25	国立劇場大劇場	●『天衣紛上野初花』金子市之丞	
平成18（2006）				
2・2	2・26	博多座	●『坂田藤十郎襲名披露口上』●『伽羅先代萩 床下』荒獅子男之助 ●『毛抜』粂寺弾正	＊坂田藤十郎襲名披露
4・1	4・25	歌舞伎座	●『沓手鳥孤城落月』氏家内膳 ●『六世中村歌右衛門五年祭追善口上』	＊六代目中村松江襲名披露、五代目中村玉太郎初舞台
5・1	5・25	歌舞伎座	●『権三と助十』家主六郎兵衛 ●『黒手組曲輪達引』鳥居新左衛門	
6・2	6・26	博多座	●『人情噺文七元結』鳶頭伊兵衛 ●『十八代目中村勘三郎襲名披露口上』●『弁天娘女男白浪 浜松屋、勢揃い』若党四十八実は南郷力丸	＊十八代目中村勘三郎襲名披露
9・2	9・26	歌舞伎座	●『鬼一法眼三略巻 菊畑』吉岡鬼一法眼	
10・1	10・25	御園座	●『操り三番叟』翁 ●『坂田藤十郎襲名披露口上』●『梅雨小袖昔八丈 髪結新三』家主長兵衛	＊坂田藤十郎襲名披露
11・1	11・25	新橋演舞場	●『弁天娘女男白浪 浜松屋、勢揃い』玉島逸当実は日本駄右衛門	
12・3	12・26	国立劇場大劇場	●『元禄忠臣蔵 第三部』堀内伝右衛門	
平成19（2007）				
1・2	1・26	歌舞伎座	●『祇園祭礼信仰記 金閣寺』十河軍平実は佐藤虎之助正清	
2・1	2・25	歌舞伎座	●『仮名手本忠臣蔵 四段目、六段目』薬師寺次郎左衛門、不破数右衛門	
3・2	3・26	歌舞伎座	●『義経千本桜 鳥居前、渡海屋、大物浦、小金吾討死、すし屋』武蔵坊弁慶、鮓屋弥左衛門	
5・1	5・25	歌舞伎座	●『与話情浮名横櫛』和泉屋多左衛門 ●『神明恵和合取組 め組の喧嘩』江戸座喜太郎	

年号	初日	千穐楽	劇場	●外題・役名	*備考
	5・26		歌舞伎座	●『白雪姫』七人の童	*第三十四回俳優祭
	6・5	6・28	博多座	●『NINAGAWA十二夜』左大弁洞院鐘道	*二代目中村錦之助襲名披露
	7・7	7・29	歌舞伎座	●『NINAGAWA十二夜』左大弁洞院鐘道	
	9・2	9・26	歌舞伎座	●『身替座禅』奥方玉の井 ●『二條城の清正』徳川家康	
	10・1	10・25	御園座	●『権三と助十』家主六郎兵衛	
	11・1	11・25	歌舞伎座	●『素襖落』大名某 ●『曽我綉侠御所染 御所五郎蔵』星影土右衛門 ●『土蜘』平井左衛門尉保昌	
	11・30	12・26	南座	●『義経千本桜 すし屋』鮓屋弥左衛門 ●『天衣紛上野初花 河内山』家老高木小左衛門	*二代目中村錦之助襲名披露
平成20(2008)	1・2	1・26	歌舞伎座	●『助六由縁江戸桜』髭の意休実は伊賀平内左衛門	
	3・2	3・26	歌舞伎座	●『夕霧伊左衛門 廓文章 吉田屋』吉田屋喜左衛門 ●『御存鈴ヶ森』雲助東海の勘蔵	
	4・1	4・25	御園座	●『鬼平犯科帳 大川の隠居』岸井左馬之助 ●『閻魔と政頼』閻魔大王	
	5・2	5・26	歌舞伎座	●『青砥稿花紅彩画 白浪五人男』南郷力丸	
	6・2	6・26	博多座	●『梅雨小袖昔八丈 髪結新三』家主長兵衛 ●『菅原伝授手習鑑 賀の祝』白太夫	
	7・5	7・29	大阪松竹座	●『木村長門守 血判取』徳川家康 ●『伽羅先代萩 対決、刃傷』渡辺外記左衛門 ●『黒手組曲輪達引』鳥居新左衛門	
	9・2	9・26	歌舞伎座	●『近江源氏先陣館 盛綱陣屋』和田兵衛秀盛 ●『天衣紛上野初花 河内山』家老高木小左衛門	
	10・2	10・26	歌舞伎座	●『新皿屋舗月雨暈 魚屋宗五郎』家老浦戸十左衛門	
	11・1	11・25	歌舞伎座	●『盟三五大切』家主くり廻しの弥助実は神谷下部土手平 ●『船弁慶』武蔵坊弁慶	

12・3〜12・26 国立劇場大劇場 ●『遠山桜天保日記』須之崎の政五郎

平成21（2009）

1・3〜1・27 新橋演舞場 ●『義経千本桜 小金吾討死、すし屋』鮓屋弥左衛門 ●『弁天娘女男白浪 白浪五人男』玉島逸当実は日本駄右衛門

2・1〜2・25 歌舞伎座 ●『菅原伝授手習鑑 賀の祝』白太夫 ●『人情噺文七元結』家主甚八

3・24〜3・28 海外公演 ●『NINAGAWA十二夜』左大弁洞院鐘道
ロンドン バービカンシアター《計5回公演》
※二〇〇九年三月訪英歌舞伎、松竹大歌舞伎、SHOCHIKU GRAND KABUKI

4・27 歌舞伎座 ●『灰被姫 シンデレラ 賑木挽町戯場始』
魔法使いの老女実は歌舞伎座の守り神の使い
＊第三十五回俳優祭

5・2〜5・26 歌舞伎座 ●『暫』清原武衡 ●『盲長屋梅加賀鳶』加賀鳶雷五郎次

6・7〜6・28 新橋演舞場 ●『NINAGAWA十二夜』左大弁洞院鐘道

7・5〜7・27 大阪松竹座 ●『NINAGAWA十二夜』左大弁洞院鐘道

10・1〜10・25 御園座 ●『仮名手本忠臣蔵 大序、三段目、六段目』高武蔵守師直、不破数右衛門

11・1〜11・25 歌舞伎座 ●『仮名手本忠臣蔵 六段目』判人源六

11・30〜12・26 南座 ●『恋飛脚大和往来 封印切』槌屋治右衛門 ●『助六曲輪初花桜』くわんぺら門兵衛

平成22（2010）

1・2〜1・26 歌舞伎座 ●『梶原平三誉石切』大庭三郎景親

2・1〜2・25 歌舞伎座 ●『平家女護島 俊寛』瀬尾太郎兼康 ●『十七代目中村勘三郎二十三回忌追善口上』

3・2〜3・28 歌舞伎座 ●『女暫』成田五郎房本 ●『弁天娘女男白浪 勢揃い』忠信利平

4・2〜4・28 歌舞伎座 ●『助六由縁江戸桜』髭の意休実は伊賀平内左衛門

5・4〜5・28 新橋演舞場 ●『新皿屋舗月雨暈 魚屋宗五郎』家老浦戸十左衛門
●『助六由縁江戸桜 三浦屋格子先より水入りまで』口上

7・3〜7・27 大阪松竹座 ●『元禄忠臣蔵 御浜御殿綱豊卿』新井勘解由
●『弥栄芝居賑 道頓堀芝居前』芝居茶屋萩乃屋主人左右衛門

10・2〜10・26 新橋演舞場 ●『頼朝の死』大江広元
●『盲長屋梅加賀鳶』加賀鳶雷五郎次 ●『神楽諷雲井曲毬 どんつく』田舎侍

10・28 NHKホール ●『源平布引滝 実盛物語』瀬尾十郎兼氏
＊第三十七回NHK古典芸能鑑賞会

年号	初日	千穐楽	劇場	●外題・役名	*備考
	11・3	11・26	国立劇場大劇場	●『国性爺合戦』和藤内父老一官	
	12・3	12・26	国立劇場大劇場	●『仮名手本忠臣蔵 四段目、十一段目』石堂右馬之丞	
平成23（2011）	1・2	1・26	新橋演舞場	●『妹背山婦女庭訓 御殿』蘇我入鹿	
	2・5	2・26	御園座	●『与話情浮名横櫛』和泉屋多左衛門 ●『義経千本桜 すし屋』梶原平三景時	
	3・5	3・14	国立劇場大劇場	●『絵本合法衢』合法実は高橋弥十郎	*東日本大震災により、11・12日は休演、13・14日公演再開、15日より公演中止
	4・1	4・25	新橋演舞場	●『権三と助十』家主六郎兵衛	
	5・2	5・26	大阪松竹座	●『女暫』舞台番欣次 ●『極付幡随長兵衛』唐犬権兵衛 ●『弁天娘女男白浪 浜松屋、勢揃い』若党四十八実は南郷力丸	
	6・2	6・26	博多座	●『盲長屋梅加賀鳶』加賀鳶雷五郎次 ●『身替座禅』奥方玉の井 ●『新皿屋舗月雨暈 魚屋宗五郎』家老浦戸十左衛門	
	7・2	7・26	新橋演舞場	●『江戸の夕映』旗本松平掃部	
	9・1	9・25	大阪松竹座	●『若き日の信長』平手中務政秀 ●『天衣紛上野初花 河内山』家老高木小左衛門	
	10・1	10・25	御園座	●『三代目中村又五郎・四代目中村歌昇襲名披露口上』 ●『助六由縁江戸桜』髭の意休実は伊賀平内左衛門	*三代目中村又五郎・四代目中村歌昇襲名披露
	11・1	11・25	新橋演舞場	●『新皿屋舗月雨暈 魚屋宗五郎』家老浦戸十左衛門 ●『梅雨小袖昔八丈 髪結新三』弥太五郎源七	
	11・30	12・26	南座	●『与話情浮名横櫛』和泉屋多左衛門 ●『源平布引滝 実盛物語』瀬尾十郎兼氏	
平成24（2012）	1・2	1・26	新橋演舞場	●『盲長屋梅加賀鳶』加賀鳶雷五郎次 ●『神明恵和合取組 め組の喧嘩』四ツ車大八	
	1・28		国立劇場大劇場	●『質庫魂入替』太鼓の精・雷神	*第三十六回俳優祭
	3・2	3・26	新橋演舞場	●『東山桜荘子 佐倉義民伝』渡し守甚兵衛 ●『唐相撲』皇帝	

4・3　4・23　国立劇場大劇場　●『絵本合法衢』高橋瀬左衛門、合法実は高橋弥十郎

5・3　5・27　大阪松竹座　●『恋飛脚大和往来　封印切』槌屋治右衛門

6・3　6・26　御園座　●『夏祭浪花鑑』釣舟三婦　●『素襖落』大名某

10・2　10・26　御園座　●『伊勢音頭恋寝刃』油屋お鹿　●『鬼一法眼三略巻　菊畑』吉岡鬼一法眼
●『六代目中村勘九郎襲名披露口上』　＊六代目中村勘九郎襲名披露

11・1　11・25　新橋演舞場　●『双蝶々曲輪日記　井筒屋、難波裏、引窓』濡髪長五郎
●『一谷嫩軍記　熊谷陣屋』白毫弥陀六実は弥平兵衛宗清
●『四千両小判梅葉』牢名主松島奥五郎

11・30　12・26　南座　●『梶原平三誉石切』大庭三郎景親　＊六代目中村勘九郎襲名披露
●『仮名手本忠臣蔵　六段目』不破数右衛門
●『六代目中村勘九郎襲名披露口上』●『船弁慶』舟長三保太夫

平成25（2013）

1・3　1・27　国立劇場大劇場　●『西行が猫頼豪が鼠　夢市男達競』頼豪阿闍梨の亡霊、源頼朝

2・4　2・26　日生劇場　●『新皿屋舗月雨暈　弁天堂、魚屋宗五郎』家老浦戸十左衛門

3・28　歌舞伎座　●『寿式三番叟』三番叟　＊歌舞伎座開場式

4・2　4・28　歌舞伎座　●『弁天娘女男白浪　浜松屋、勢揃い』若党四十八実は南郷力丸
●『勧進帳』常陸坊海尊

5・3　5・27　南座　●『鎌髭』鍛冶屋主四郎兵衛実は三保谷四郎国俊

6・3　6・29　歌舞伎座　●『平家女護島　俊寛』瀬尾太郎兼康　●『助六由縁江戸桜』髭の意休実は伊賀平内左衛門

9・1　9・25　新橋演舞場　●『天衣紛上野初花　河内山』家老高木小左衛門
●『沖津浪闇不知火　不知火検校』寺社奉行石坂喜内

10・3　10・27　国立劇場大劇場　●『一谷嫩軍記　熊谷陣屋』白毫の弥陀六実は弥平兵衛宗清

11・1　11・25　歌舞伎座　●『仮名手本忠臣蔵　大序、三段目、四段目、六段目』
高武蔵守師直、石堂右馬之丞、不破数右衛門

平成26（2014）

1・2　1・26　新橋演舞場　●『壽三升景清　鎌髭』鍛冶屋主四郎兵衛実は三保谷四郎国俊

3・2　3・26　歌舞伎座　●『盲長屋梅加賀鳶』加賀鳶雷五郎次

3・27　歌舞伎座　●『鈴ヶ森錦繍雲駕』飛脚早助　＊第三十七回俳優祭

年号	初日	千穐楽	劇場	●外題・役名	*備考
	4・2	4・26	歌舞伎座	●『曽根崎心中』平野屋久右衛門	
	5・1	5・25	歌舞伎座	●『毛抜』粂寺弾正 ●『新皿屋舗月雨暈 魚屋宗五郎』家老浦戸十左衛門	
	6・1	6・25	歌舞伎座	●『源平布引滝 実盛物語』瀬尾十郎兼氏 ●『素襖落』大名某	
	7・5	7・29	歌舞伎座	●『夏祭浪花鑑』釣舟三婦	
	9・2	9・26	南座	●『壽三升景清 鎌髭』鍛冶屋主四郎兵衛実は三保谷四郎国俊	
	10・5	10・27	日本特殊陶業市民会館ビレッジホール	●『人情噺文七元結』和泉屋清兵衛 ●『身替座禅』奥方玉の井	
	11・1	11・25	歌舞伎座	●『一谷嫩軍記 熊谷陣屋』白毫弥陀六実は弥平兵衛宗清 ●『義経千本桜 すし屋』鮓屋弥左衛門	
平成27（2015）	1・3	1・27	国立劇場大劇場	●『南総里見八犬伝』扇谷修理大夫定正	
	2・2	2・26	歌舞伎座	●『彦山権現誓助剱 毛谷村』杣斧右衛門	
	3・3	3・27	歌舞伎座	●『菅原伝授手習鑑 賀の祝』白太夫	
	4・2	4・26	歌舞伎座	●『六歌仙容彩 僧正遍照』僧正遍照 ●『成駒家歌舞伎賑 木挽町芝居前』男伊達高島屋左團次	*四代目中村鴈治郎襲名披露
	5・2	5・26	歌舞伎座	●『神明恵和合取組 め組の喧嘩』四ツ車大八	
	6・1	6・25	歌舞伎座	●『夕顔棚』爺	
	7・3	7・27	歌舞伎座	●『一谷嫩軍記 熊谷陣屋』白毫弥陀六実は弥平兵衛宗清	
	8・31	9・25	地方巡業	●『双蝶々曲輪日記 引窓』濡髪長五郎 ●『四代目中村鴈治郎襲名披露口上』	*四代目中村鴈治郎襲名披露
	10・1	10・25	歌舞伎座	●『人情噺文七元結』和泉屋清兵衛 ●『梅雨小袖昔八丈 髪結新三』家主長兵衛	
	10・28		NHKホール	●『身替座禅』奥方玉の井	*第四十二回NHK古典芸能鑑賞会
	11・1	11・25	歌舞伎座	●『若き日の信長』平手中務政秀 ●『曽我綉侠御所染 御所五郎蔵』星影土右衛門 ●『天衣紛上野初花 河内山』家老高木小左衛門	
	11・30	12・26	南座	●『土蜘』平井左衛門尉保昌 ●『四代目中村鴈治郎襲名披露口上』 ●『土屋主税』晋其角	*四代目中村鴈治郎襲名披露

年	初日	千穐楽	劇場	演目・役	備考
平成28（2016）	1・2	1・26	歌舞伎座	●『二條城の清正』徳川家康	
	2・2	2・26	歌舞伎座	●『新書太閤記 竹中閑居』竹中半兵衛	
	4・2	4・26	歌舞伎座	●『沖津浪闇不知火 不知火検校』寺社奉行石坂喜内 ●『身替座禅』奥方玉の井	
	5・2	5・26	歌舞伎座	●『勢獅子音羽花籠』世話人高島屋左團次 ●『花街模様薊色縫 十六夜清心』俳諧師白蓮実は大寺正兵衛	
	6・2	6・26	博多座	●『身替座禅』奥方玉の井 ●『双蝶々曲輪日記 引窓』濡髪長五郎 ●『五代目中村雀右衛門襲名披露口上』●『本朝廿四孝 十種香』長尾謙信	＊五代目中村雀右衛門襲名披露
	7・2	7・26	歌舞伎座	●『壽三升景清 鎌髭』鍛冶屋主四郎兵衛実は三保谷四郎国俊	
	10・3	10・27	国立劇場大劇場	●『仮名手本忠臣蔵 第一部 大序、三段目、四段目』高武蔵守師直、石堂右馬之丞	
	11・1	11・25	歌舞伎座	●『盲長屋梅加賀鳶』加賀鳶雷五郎次 ●『元禄忠臣蔵 御浜御殿綱豊卿』新井勘解由 ●『八代目中村芝翫・四代目中村橋之助・三代目中村福之助・四代目中村歌之助襲名披露口上』	＊八代目中村芝翫・四代日中村橋之助・三代目中村福之助・四代目中村歌之助襲名披露
	12・2	12・26	国立劇場大劇場	●『仮名手本忠臣蔵 第三部 十一段目』桃井若狭之助	
平成29（2017）	1・2	1・26	歌舞伎座	●『松浦の太鼓』宝井其角	
	2・2	2・26	歌舞伎座	●『四千両小判梅葉』牢名主松島奥五郎	
	3・3	3・27	歌舞伎座	●『助六曲縁江戸桜』髭の意休実は伊賀平内左衛門	
	3・28		歌舞伎座	●『月光姫恋暫』東の国の王子	＊第三十八回俳優祭
	4・2	4・26	歌舞伎座	●『一谷嫩軍記 熊谷陣屋』白毫弥陀六実は弥平兵衛宗清	
	5・3	5・27	歌舞伎座	●『新皿屋舗月雨暈 魚屋宗五郎』家老浦戸十左衛門	
	6・2	6・26	歌舞伎座	●『曽我綉俠御所染 御所五郎蔵』星影土右衛門	

年号	初日	千穐楽	劇場	●外題・役名	*備考
	7・3	7・27	歌舞伎座	●『盲長屋梅加賀鳶』（二代目市川齊入襲名披露）加賀鳶雷五郎次	
	9・1	9・25	歌舞伎座	●『ひらかな盛衰記 逆櫓』畠山重忠	
	10・1	10・25	歌舞伎座	●『極付印度伝 マハーバーラタ戦記 神々の場所より戦場まで』太陽神	
	11・3	11・26	国立劇場大劇場	●『坂崎出羽守』金地院崇伝	
平成30（2018）	1・2	1・26	歌舞伎座	●『菅原伝授手習鑑 寺子屋』春藤玄蕃 ●『二代目松本白鸚・十代目松本幸四郎・八代目市川染五郎襲名披露口上』	*二代目松本白鸚・十代目松本幸四郎・八代目市川染五郎襲名披露
	2・1	2・25	歌舞伎座	●『暫』清原武衡 ●『一谷嫩軍記 熊谷陣屋』白毫弥陀六実は弥平兵衛宗清 ●『壽三代歌舞伎賑 木挽町芝居前』男伊達高島屋左團次	*二代目松本白鸚・十代目松本幸四郎・八代目市川染五郎襲名披露
	4・1	4・25	御園座	●『寿曽我対面』工藤左衛門祐経 ●『二代目松本白鸚・十代目松本幸四郎襲名披露口上』 ●『梶原平三誉石切』大庭三郎景親	*二代目松本白鸚・十代目松本幸四郎襲名披露
	5・2	5・26	歌舞伎座	●『弁天娘女男白浪 浜松屋、勢揃い』若党四十八実は南郷力丸	
	6・2	6・26	歌舞伎座	●『酔菩提悟道野晒 野晒悟助』提婆仁三郎	
	7・28	7・29	海外公演	●『鶴亀』立方 ロシア ウラジオストク フィルハーモニー劇場大ホール《計2回公演》	*ウラジオストクにおける歌舞伎訪ソ九十周年記念歌舞伎公演
	10・1	10・25	御園座	●『酔菩提悟道野晒 野晒悟助』提婆仁三郎 ●『与話情浮名横櫛』和泉屋多左衛門	
	11・1	11・25	南座	●『毛抜』粂寺弾正 ●『恋飛脚大和往来 封印切』槌屋治右衛門	*二代目松本白鸚・十代目松本幸四郎・八代目市川染五郎襲名披露
	12・1	12・26	南座	●『鳥辺山心中』坂田市之助 ●『義経千本桜 小金吾討死、すし屋』鮓屋弥左衛門	
平成31（2019）	1・3	1・27	新橋演舞場	●『極付幡随長兵衛』水野十郎左衛門（4～13日休演）	
	2・2	2・26	歌舞伎座	●『暗闇の丑松』料理人元締四郎兵衛	

令和元(2019)	3・3　3・27	歌舞伎座	●『近江源氏先陣館 盛綱陣屋』和田兵衛秀盛	
	4・2　4・26	歌舞伎座	●『御存鈴ヶ森』雲助東海の勘蔵	
	5・3　5・27	歌舞伎座	●『神明恵和合取組 め組の喧嘩』四ツ車大八 ●『絵本牛若丸』(七代目尾上丑之助初舞台)蓮忍阿闍梨	
	6・2　6・26	博多座	●『酔菩提悟道野晒 野晒悟助』提婆仁三郎(3〜26日休演) ●『土蜘』平井左衛門尉保昌(3〜26日休演)	
	7・4　7・28	歌舞伎座	●『星合世十三團 成田千本桜』梶原平三景時	
	10・2　10・26	歌舞伎座	●『江戸育お祭佐七』鳶頭勘右衛門	
	11・1　11・25	歌舞伎座	●『梅雨小袖昔八丈 髪結新三』家主長兵衛	
令和2(2020)	1・3　1・25	新橋演舞場	●『神明恵和合取組 め組の喧嘩』江戸座喜太郎	
	2・2　2・26	歌舞伎座	●『人情噺文七元結』和泉屋清兵衛	
	10・4　10・27	国立劇場大劇場	●『新皿屋舗月雨暈 魚屋宗五郎』家老浦戸十左衛門	
	11・1　11・26	歌舞伎座	●『身替座禅』奥方玉の井	
令和3(2021)	1・2　1・27	歌舞伎座	●『眠駱駝物語 らくだ』家主佐兵衛	
	4・3　4・24	歌舞伎座	●『小鍛冶』勅使橘道成	＊新型コロナウイルス感染拡大防止のため、25日より28日まで公演中止
	5・12　5・28	歌舞伎座	●『仮名手本忠臣蔵 六段目』不破数右衛門	＊新型コロナウイルス感染拡大防止のため、3日より11日まで公演中止
	6・3　6・28	歌舞伎座	●『夕顔棚』爺	
	11・1　11・26	歌舞伎座	●『寿曽我対面』鬼王新左衛門	
令和4(2022)	1・3　1・27	国立劇場大劇場	●『南総里見八犬伝』扇谷修理大夫定正	
	2・1　2・25	歌舞伎座	●『義経千本桜 渡海屋、大物浦』武蔵坊弁慶	
	3・3　3・28	歌舞伎座	●『芝浜革財布』友達大工勘太郎	
	5・2　5・27	歌舞伎座	●『暫』清原武衡	

年号	初日	千穐楽	劇場	●外題・役名	*備考
	7・4	7・18	歌舞伎座	●『夏祭浪花鑑』釣舟三婦	*新型コロナウイルス感染拡大防止のため、19日より29日まで公演中止
	10・4	10・27	歌舞伎座	●『盲長屋梅加賀鳶』伊勢屋与兵衛	
	11・7	11・28	歌舞伎座	●『外郎売』小林朝比奈 ●『十三代目市川團十郎白猿・八代目市川新之助襲名披露口上』	*十三代目市川團十郎白猿襲名披露、八代目市川新之助初舞台
	12・5	12・26	歌舞伎座	●『十三代目市川團十郎白猿・八代目市川新之助襲名披露口上』 ●『助六由縁江戸桜』くわんぺら門兵衛	*十三代目市川團十郎白猿襲名披露、八代目市川新之助初舞台
令和5（2023）	1・3	1・27	国立劇場大劇場	●『遠山桜天保日記　歌舞伎の恩人・遠山の金さん』羅漢尊者	

映像・ラジオ 出演略歴

１９６６年　ＮＨＫ大河ドラマ『源義経』美尾屋十郎国俊
１９６８年　ＮＨＫ大河ドラマ『竜馬がゆく』千葉重太郎
１９９５年　映画『天守物語』朱の盤坊
２００２年　ＭＢＳラジオ「噂の左團次、八方ラジオ」
２００５年　ＮＨＫ大河ドラマ『義経』金売り吉次
２００７年　ＮＨＫ大河ドラマ『風林火山』上杉憲政
２００７年　ＮＨＫ「芸能花舞台」舞踊――親子三代揃い踏み（左團次・男女蔵・男寅）
新作舞踊『新版色相方《そめかえていろのあいかた》』
２００７年　映画『さくらん』ご隠居
２０１０年　ＢＳ‐ＴＢＳ「おとなの京都～粋な旅」ご案内役
２０１５年　ＮＨＫ木曜時代劇『まんまこと～麻之助裁定帳～』宗匠
２０１８年　ＢＳ11「この！カブキモノ」（２０１９年にはＪＡＬ機内上映）

主な受賞歴

１９９７年　第十八回松尾芸能賞優秀賞
１９９８年　眞山青果賞特別賞
２０１１年　旭日双光章
２０１６年度　日本芸術院賞

ブックデザイン　鈴木成一デザイン室
取材・構成　菅谷淳夫（第一章）
大木夏子（第二章・第三章）
写真協力　松竹株式会社
巻末写真　藤田修平（二〇一四年五月撮影）
プロデュース　秋元香朱美

四代目市川左團次

——その軌跡

二〇二四年四月二九日　初版第一刷発行

著者　市川左團次
発行者　五十嵐佳世
発行所　株式会社　小学館
〒一〇一-八〇〇一　東京都千代田区一ツ橋二-三-一
電話　編集〇三-三二三〇-五四三八
販売〇三-五二八一-三五五五
編集　和阪直之
印刷所　TOPPAN株式会社
製本所　株式会社若林製本工場

 ISBN 978-4-09-389148-6

楽屋風景

『毛抜』粂寺弾正の拵え

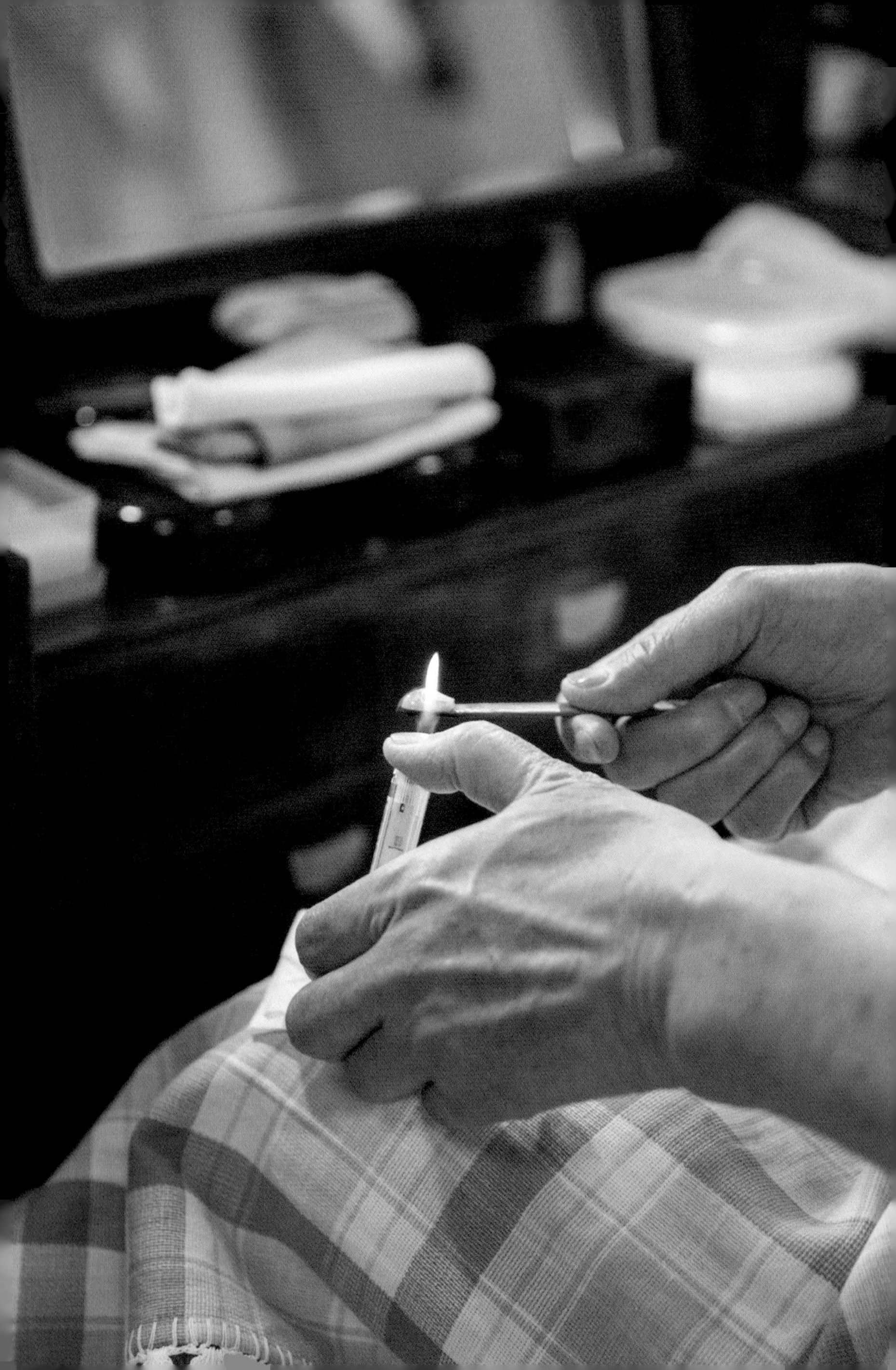

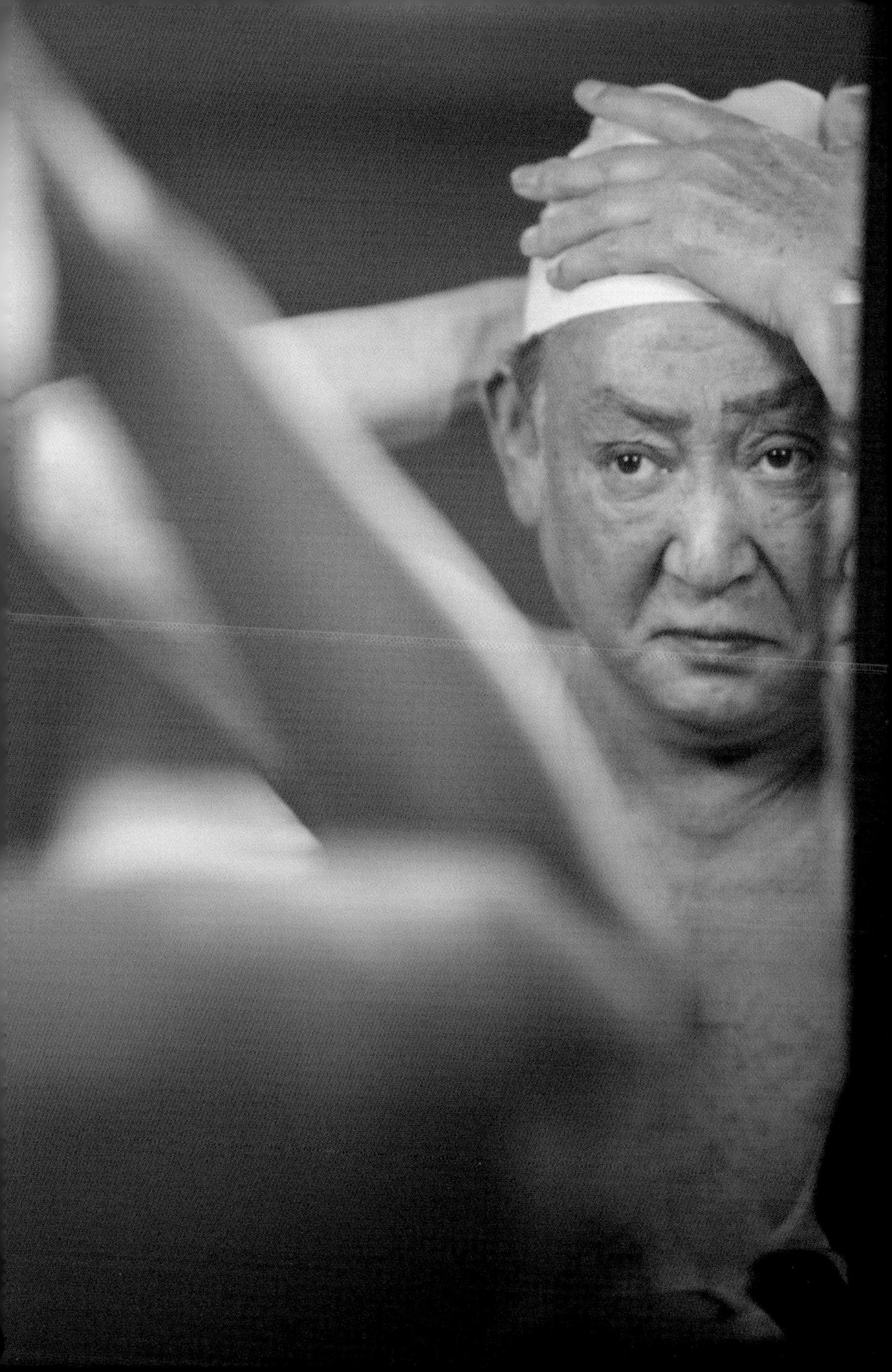

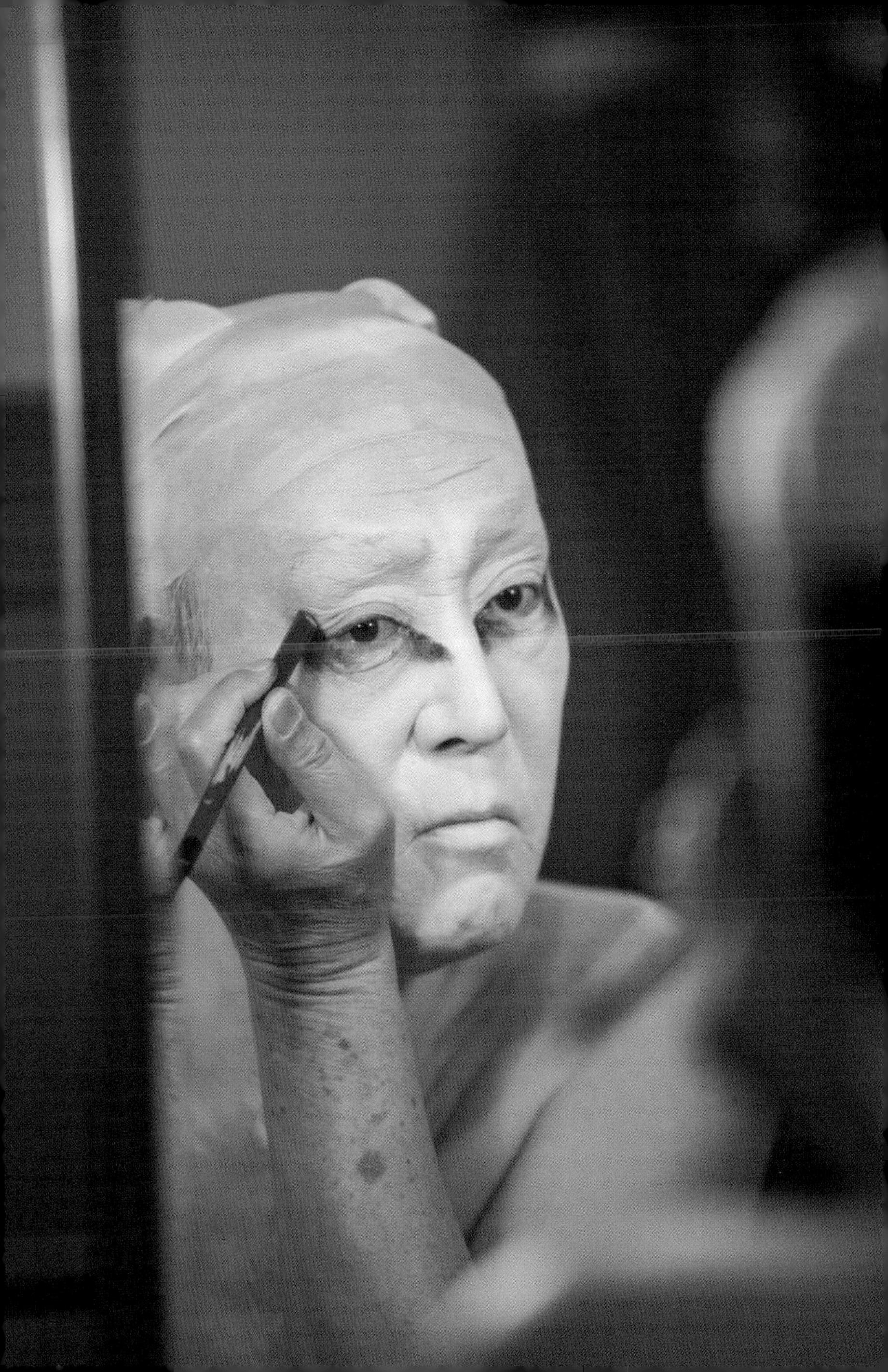

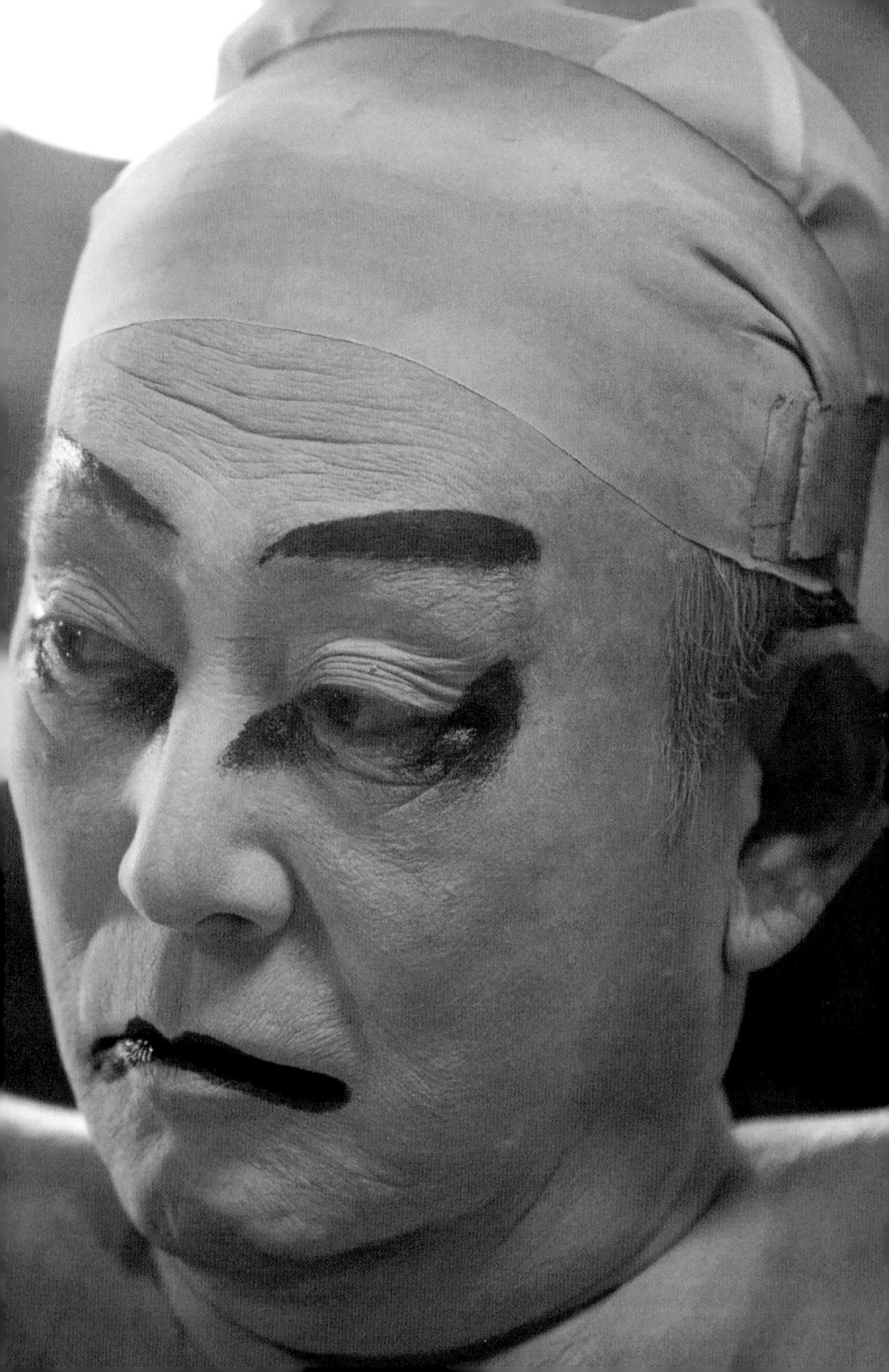